国家电网

绿色低碳发展报告

2022

国家电网有限公司 编

中国电力出版社
CHINA ELECTRIC POWER PRESS

图书在版编目（CIP）数据

国家电网绿色低碳发展报告.2022 / 国家电网有限公司编 . -- 北京 : 中国电力出版社 , 2023.1

ISBN 978-7-5198-7360-8

Ⅰ . ①国… Ⅱ . ①国… Ⅲ . ①电力工业－节能－研究报告－中国 Ⅳ . ① F426.61

中国版本图书馆 CIP 数据核字 (2022) 第 243162 号

出版发行：中国电力出版社
地　　址：北京市东城区北京站西街 19 号（邮政编码 100005）
网　　址：http://www.cepp.sgcc.com.cn
责任编辑：杨敏群　刘红强（010-63412520）
责任校对：黄　蓓　朱丽芳
责任印制：钱兴根

印　　刷：北京雅昌艺术印刷有限公司
版　　次：2023 年 1 月第一版
印　　次：2023 年 1 月北京第一次印刷
开　　本：889 毫米 ×1194 毫米　16 开本
印　　张：5.75
字　　数：147 千字
定　　价：78.00 元

编委会

编写组

刘晋军　马家斌　丁　莉　蒙海军
林新生　许成刚　刘心放　谭同江
李大伟　周国卫　钱晓亮　张　钦
温　超　宫长宏　郑　楠　曹英慧
浮　婷　李　睿　胡　笳　孟　贤
程　鳌　王延海　刘文龙　朱俊杰
邵灵玲　李建强　杨敏群　刘红强

序言

大自然是人类赖以生存发展的基本条件。尊重自然、顺应自然、保护自然，是全面建设社会主义现代化国家的内在要求，也是人类与自然和谐相处的基本法则。2015 年 9 月 25 日，联合国 193 个成员国在联合国可持续发展峰会上正式通过 17 个可持续发展目标，旨在实现社会经济与生态环境协调发展，“经济适用的清洁能源”“负责任消费和生产”“气候行动”等目标位列其中。

作为负责任的发展中国家，中国始终秉持人类命运共同体理念，一直是全球绿色低碳发展的坚定参与者和推动者、绿色低碳能源转型的积极实践者和支持者。党的十八大以来，面对错综复杂的国际国内形势，以习近平同志为核心的党中央高瞻远瞩、审时度势，创造性提出“四个革命、一个合作”能源安全新战略，作出推进碳达峰碳中和的重大战略决策及构建碳达峰碳中和“1+N”政策体系，加快推动构建新型电力系统，为新时代中国能源清洁低碳转型指明了发展方向、提供了根本遵循，也再次展现中国主动承担与国情相符合的国际责任。

绿色是中国高质量发展的底色之一。2022 年 10 月召开的中国共产党第二十次全国代表大会上，习近平总书记再次强调“绿水青山就是金山银山”的重要论断。在党的二十大报告中，总书记提出，要“推动绿色发展，促进人与自然和谐共生”，统筹全产业链减碳控排，加快发展方式绿色转型，积极稳妥推进碳达峰碳中和，深入推进能源革命，加快规划建设新型能源体系，积极参与应对全球气候变化治理。这些重要论断引导着中国能源电力系统探索绿色可持续发展的新方向，争当能源清洁低碳转型的推动者、先行者、引领者。

新型电力系统是清洁低碳、安全高效的新型能源体系的重要组成部分。构建新型电力系统，是以习近平同志为核心的党中央着眼加强生态文明建设、保障国家能源安全、实现可持续发展作出的一项重大部署，对中国能源电力转型发展、实现“双碳”目标具有重要意义，也为全球电力绿色可持续发展提供了中国路径和中国方案。电网是构建新型电力系统的关键环节。国家电网有限公司（简称国家电网）作为全球最大公用事业型企业，立足电网功能定位，提出并坚持清洁低碳是方向、能源保供是基础、能源安全是关键、能源独立是根本、能源创新是动力、节能提效要助力的原则要求，发挥好电网“桥梁”和“纽带”作用，加快构建新型电力系统，努力推动能源清洁低碳转型，坚持生态优先、绿色发展，大力推进减排降碳，服务清洁能源发展，推进终端能源消费电气化，大力实施以电代煤、以电代油，引导形成绿色低碳生产生活方式，在服务可再生能源发展、加快推进发展方式绿色转型方面发挥更大作用。

《国家电网绿色低碳发展报告 2022》是国家电网深入贯彻落实习近平生态文明思想和“四个革命、一个合作”能源安全新战略，立足电网平台，推动绿色发展，促进人与自然和谐共生的行动报告与实践成果，以期传递国家电网可持续发展理念，以及与全世界一道共同推动绿色发展的决心与行动。

目录

序言

01

2 加快发展方式绿色转型

4 构建新型电力系统

6 推动产业转型升级

8 提供高质量发展供电保障

10 打造绿色现代数智供应链

案例

12 张北柔直工程 让张北的风点亮北京的灯

16 “绿电行动” 服务绿色低碳转型发展

20 链上“绿色数智再循环” 构建废旧物资再利用体系

02

24 深入推进环境污染防治

26 加强全面环境管理

28 确保电网全生命周期低碳环保

案例

30 发展港口岸电 为长江经济带绿色发展赋能

34 实现零能耗建筑 助力智慧生态城市建设

38 贡献智慧能源 创新污染防治

03、

42 提升生态系统多样性、稳定性、持续性

44 科学规划设计，将生物多样性保护融入电网前期工作

46 建设绿色电网，因地制宜保护生态环境

48 精心运行维护，推动电网与不同生态系统和谐共生

案例

50 守护大熊猫乐园 促进人与自然共生

54 共建爱鸟护线联盟 守护“候鸟生命线”

58 “电沙成金” 打造沙漠能源生态圈

04、

62 积极稳妥推进碳达峰碳中和

64 对接服务“双碳”目标

66 服务新能源发展

68 全力应对极端气候

70 参与应对气候变化全球治理

案例

72 大陈岛两大示范工程 助力建设绿色发展碳中和示范岛

76 开山岛智能微电网 打造海岛绿色低碳能源应用典范

80 雄安新区分布式光伏项目 探索智慧绿色综合能源实践

01

加快发展方式绿色转型

构建新型电力系统
4
推动产业转型升级
6
提供高质量发展供电保障
8
打造绿色现代数智供应链
10

推动经济社会发展绿色化、低碳化是实现高质量发展的关键环节。国家电网积极构建新型电力系统，推动构建清洁低碳、安全高效的能源体系；抢抓能源革命与数字革命融合发展机遇，发展绿色低碳产业；全面促进资源节约集约利用，建设绿色现代数智供应链，为国民经济高质量发展注入更多“新动能”。

构建新型电力系统

2021 年 3 月 15 日，中央财经第九次会议对碳达峰、碳中和做出进一步部署，提出构建新型电力系统。国家电网深入贯彻“四个革命、一个合作”能源安全新战略，立足电网企业功能定位，科学谋划各级电网发展，为各类能源清洁高效利用搭建坚强平台。针对能源转型、行业发展中存在的统筹规划、机制衔接等方面问题，加强研究和汇报沟通，推动在国家和地方政府层面加强顶层设计和统筹协调，促进源网荷储各环节协调联动、平稳有序发展。

原则要求

清洁低碳是方向、能源保供是基础、能源安全是关键、能源独立是根本、能源创新是动力、节能提效要助力。

结构特征

以坚强智能电网为枢纽平台，以源网荷储互动和多能互补为支撑，清洁低碳、安全可控、灵活高效、智能友好、开放互动。

行动定位

发挥好电网“桥梁”和“纽带”作用，发布实施国内企业首个“双碳”行动方案和构建新型电力系统行动方案，推动各级电网协调发展，努力争当能源清洁低碳转型的推动者、先行者、引领者。

国网浙江电力推进新型电力系统省级示范区建设

国网浙江电力以能源互联网形态下多元融合高弹性电网为核心载体，持续提升电网调节能力，促进源网荷储互动升级，加快国家电网新型电力系统省级示范区建设。2021 年，浙江省最高电力负荷 10022 万千瓦，日最大峰谷差达 3803 万千瓦，97% 尖峰负荷仅为 14 小时。国网浙江电力在“节约的能源是最清洁的能源、节省的投资是最高效的投资、唤醒的资源是最优质的资源”的理念指引下，开展了一系列源网荷储互动融合、增加电力系统弹性的实践，包括动态优化电网潮流分布，提升电网承载力和安全性；通过建设“虚拟电厂”，让原本海量的无序资源变得有序可调节；建设抽水蓄能项目，为电网安上一个巨型“充电宝”，进一步提高电网弹性和用电稳定性；构建需求响应“资源池”，柔性调节电网负荷，实现削峰填谷等，真正让电网更有弹性。

35 千伏公里级超导电缆工程建成投运

2021 年 12 月 22 日，35 千伏公里级超导电缆示范工程在上海建成投运。利用超导材料的超导特性，使电力传输介质接近于零电阻，电能传输损耗趋近于零，从而实现低电压等级的大容量输电。这项距离长、输送容量大、接头数量多、全商业化运行的 35 千伏超导电缆输电工程，核心技术国产化率达 100%，标志着我国在超导电缆工程化应用领域掌握了核心技术，整体技术水平迈入全球领先行列。

深入研究并提出新型电力系统的构建原则、实施路径和技术框架。

制定构建新型电力系统行动方案，紧密结合“一体四翼”发展布局和“十四五”发展规划，创造性地推动行动方案实施。

发布《新型电力系统数字技术支撑体系白皮书》，明确公司以数字技术支撑新型电力系统建设的路径方案。

坚持示范引领，在浙江、福建、青海和河北张家口、新疆南疆地区、西藏藏中地区分别打造新型电力系统省级、地区级示范区。

推动产业转型升级

抢抓能源革命与数字革命融合发展机遇，全力打通产业链、价值链、创新链，显著提升公司产业核心竞争力，推动能源系统效率大幅提高，培育增长新动能。

电力芯片、IGBT等业务重点加强核心技术研发，拓展市场领域。综合能源服务、储能、北斗及地理信息等业务重点加强技术集成与产品研制，打造整体解决方案。能源电商、电动汽车服务、大数据运营等业务重点深化互联网新技术融合应用，创新商业模式，改善用户体验。

坚持因企制宜、相机制宜推进混合所有制改革，坚持市场化方向，建立健全科学合理的考核激励机制，探索实施虚拟股权、项目分红、项目跟投等激励方式，有效激发创新活力和发展动力。

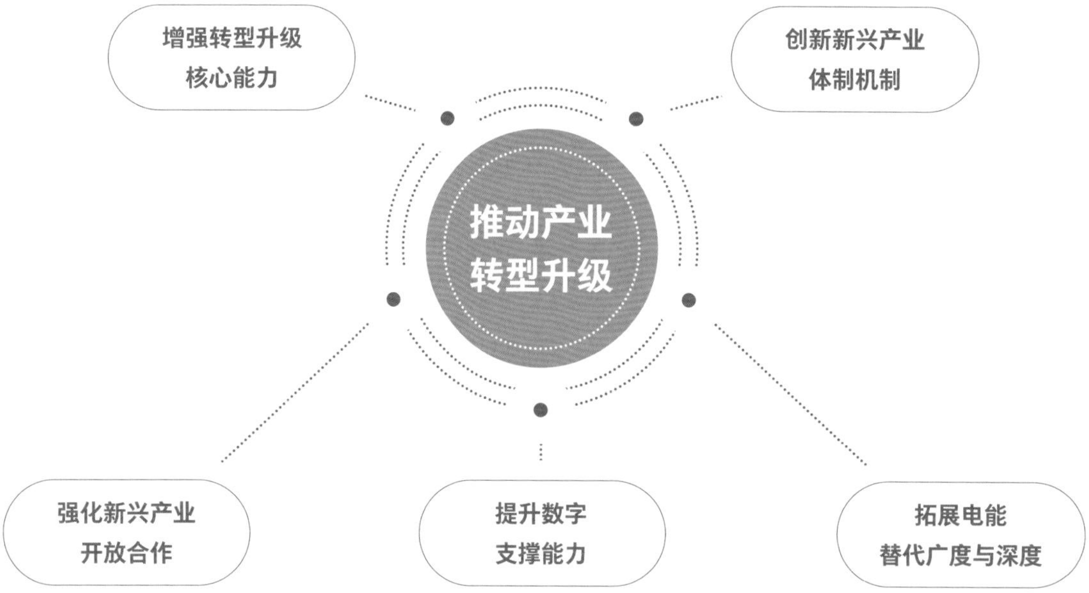

秉持开放、合作的理念，创新合作方式，广泛吸引各类市场主体共同参与新兴产业发展，努力构建共治共赢的新兴产业生态，带动产业链上下游共同发展。

公司云平台、数据中台和物联平台建设持续深化，电网和企业数字化转型加快；电 e 宝、新能源云、智慧车联网分别成为国内最大的能源电商平台、新能源服务平台和全球最大的电动汽车服务平台；发挥电力大数据作用，“电力看经济”“电力看环保”等产品有力服务政府精准施策，助力实现“双碳”目标。

深挖工业、交通、建筑等领域电能替代潜力，提升港口岸电、居民电采暖设备利用率。全力服务和促进新能源汽车产业发展，建成“十纵十横两环”高速公路快充网络，打造全国统一的智慧车联网平台，智慧车联网平台实现“百万桩”接入。

全球最大 100 兆瓦级全钒液流电池储能项目

全球最大 100 兆瓦 /400 兆瓦时级全钒液流电池储能电站于 2022 年 6 月正式并网投运。这是国家能源局批复的首个 100 兆瓦级大型电化学储能国家示范项目，采用全钒液流电池储能技术。电站建成后输出功率可达百兆瓦级，储能容量达到 400 兆瓦时，相当于能存放 40 万千瓦时电。与其他储能技术相比，液流电池循环寿命长，平均充放电循环达到 10000~20000 次，整体使用寿命可以达到 20~30 年。液流电池还具有安全性高、回收和再利用便利等优点。

全年电能替代电量

单位：亿千瓦时

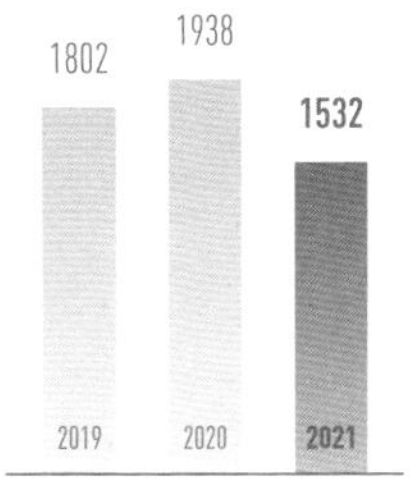

电能替代电量占比

单位：%

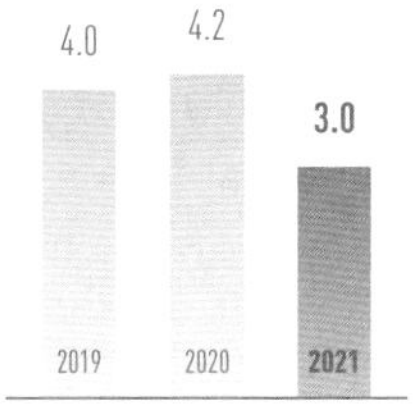

累计建成电动汽车充电桩

单位：万个

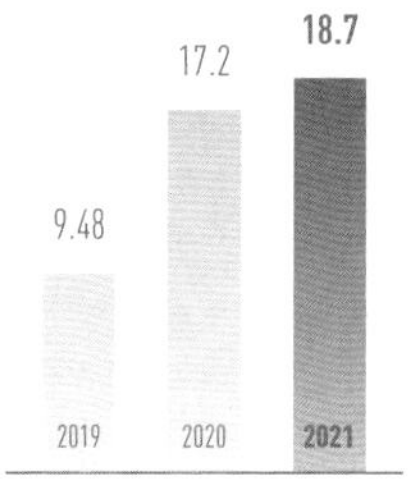

电能替代项目数量

单位：个

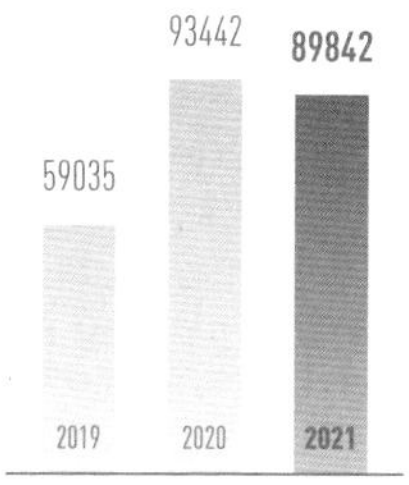

2020 年

2021 年

271

新完成 **271** 万户“煤改电”任务

1203

长江经济带投运岸电设施 **1203** 套，实现长江沿线主要港口岸电基本覆盖

150

车联网平台接入充电桩突破 **150** 万个

1000

注册用户突破 **1000** 万

5

新增 **5** 座抽水蓄能电站投产发电

285

新增抽水蓄能装机容量 **285** 万千瓦

2513

在运装机总容量达到 **2513** 万千瓦

27

打造北斗运营服务体系，应用推广至 **27** 家省市公司

1200

建成北斗基站 **1200** 座

建成农村电网巩固提升工程 **12** 万余项，实施乡村电气化提升工程 **3595** 项、受益群众超过 **636** 万人。

投资 **196** 亿元支援新疆、西藏电网建设，疆电、藏电外送超过 **1240** 亿千瓦时。

提供高质量发展供电保障

保障城乡可靠供电，全面完成国家北方地区清洁取暖五年规划配套电网建设任务。紧密对接国家区域发展战略，当好电力先行官，提升区域供电保障能力与供电服务水平，推动经济社会发展绿色化、低碳化。

助力新型城镇化建设

加强城市配电网建设，推进重点城市坚强局部电网建设，加快老旧小区改造等重点供电工程实施，深化配电自动化及智能技术应用，提高综合承载能力。加强新型农村电网建设，积极建设坚固耐用、灵活友好、智能互动的新型农村电网。推进农村电网巩固提升工程、城中村配电网改造、清洁取暖工程，抓好农业生产供电保障，服务好乡村振兴和粮食安全，增强群众用电体验。

圆满完成冬奥保电

认真贯彻习近平总书记关于冬奥重要指示批示精神，公司 4.5 万名职工在保电一线战风斗雪、拼搏奉献，2300 余名场馆保电人员连续封闭值守 70 天，按照“五个最”标准、“四个零”目标，确保了 4 场开闭幕式、32 座场馆、441 场赛事供电万无一失，在奥运史上首次实现所有场馆 100% 使用绿色电力，“张北的风点亮北京的灯”成为靓丽的新名片，得到中央领导同志充分肯定和国际奥委会、北京冬奥组委高度评价。

立足京津冀地区“多方向、多来源、多元化”的外受电格局，不断强化和优化网架结构，将更多的清洁能源引入首都，为协同发展增添强劲动能。

优化区域电网资源布局

服务西部地区发展，深入落实电力援藏 20 项举措、援疆 25 项举措，加快川藏铁路和区域城际铁路、市域（郊）铁路配套供电工程建设。2020 年第四条“电力天路”阿里联网工程建成投运，结束了我国大陆最后一个地级市孤网运行的历史。服务中部地区崛起，全力支撑中部地区高质量发展，推动电源合理布局，加快主网架建设，提高电网资源配置能力，结合新型电力系统建设，积极服务绿色发展、低碳消费和能源转型，为实现中部绿色崛起助力添彩。服务区域发展战略，紧密对接雄安新区建设发展、京津冀协同发展、长江经济带发展、长三角一体化、黄河流域生态保护和高质量发展、成渝地区双城经济圈等国家区域发展战略，提供高质量供电保障。

打造绿色现代数智供应链

加快供应链发展方式绿色升级，将绿色低碳环保理念贯穿规划计划、设计制造、招标采购、物流运输、建设施工、运行维护、回收处置供应链全过程，推动供应链平台由企业级向行业级发展，供应链服务向产业链供应链全过程发展，供应链体系向绿色化数智化创新发展，供应链生态向市场需求主导牵引发展，服务能源电力行业绿色低碳发展。

一是强化市场需求引导，推动全产业链绿色低碳发展

精简设备选型（2010 年至今，标准物料品种降幅达到 94%），全网物资通用互换，促进制造企业标准化、规模化生产，带动制造端节能降耗。发挥公司市场采购规模优势和供应链生态主导能力，推行绿色采购，制定绿色采购标准和采购策略库，优选环保低碳低耗的优质产品，引导链上企业扩大绿色产品供给。

创新供应链金融，开展保险替代保证金业务，年均为供应商释放保证金约 **200** 余亿元。

二是打造现代数智供应链绿色信息平台

通过大数据、云计算、物联网、移动应用、人工智能、区块链等技术，构建绿色现代数智供应链一体化平台，汇聚设计、需求、采购、质控、物流、报废全供应链绿色信息，建立线上协同的新型生产组织模式。实施绿色物流，通过电力物流服务平台（ELP）汇聚现有仓储资源，拓展接入供应商生产基地位置坐标，以及场站码头、桥涵限界等物流关键数据，构建电网物资物流配送网络图，智能匹配计算最佳路线，实施配送状态全程在线监测，实现节能减排。

三是深化数智运营，推动供应链全流程节能降碳

推行“五云”（云采购、云签约、云监造、云物流、云结算）业务“网上办”，建立“六统一”供应链运营体系，平台延伸至供应链上下游企业，供应链管理通过电子化减少纸张印刷、通过线上化减少商务差旅的碳排放量 20 余万吨 / 年。

数智供应链建成后，每年为供应商节约差旅等经营成本约 **40.8** 亿元，每年为公司提质增效 **116** 亿元。

案例

张北柔直工程 让张北的风点亮北京的灯

案例概述

张北柔性直流电网试验示范工程（简称张北柔直工程）是贯彻落实习近平总书记“四个革命、一个合作”能源安全新战略、大规模开发利用新能源、践行绿色办奥理念、支撑国家能源结构转型的重大标志性工程，也是服务碳达峰、碳中和目标落地的典型实践。该工程于 2020 年 6 月正式投运，是世界首个实现风、光和储能多能互补的直流电网工程，包括 ±500 千伏直流输电线路 666 千米，以及中都、康巴诺尔、阜康和延庆 4 座换流站，采用我国原创、领先世界的柔性直流电网新技术，创造了 12 项世界第一，为破解新能源大规模开发利用世界级难题提供“中国方案”。张北柔直工程满足了张家口地区 630 万千瓦新能源装机外送和消纳，每年可输送 140 亿千瓦时“绿电”至北京，实现了 2022 年冬奥场馆 100% 清洁能源供应。

典型举措

张北柔直工程是世界首个柔性直流电网工程，工程核心技术和关键设备均为国际首创，是新时代最先进电力技术的典型代表。该工程以柔性直流电网为中心，通过多点汇集、多能互补、时空互补、源网荷协同，可以实现新能源侧自由波动发电和负荷侧可控稳定供电。该工程建设有 666 千米 ±500 千伏直流输电线路，总换流容量 900 万千瓦，将张北地区丰富的风电、光伏发电等多种能源连接在一起，利用风电、光伏、储能等多种能源形式之间的互补性，克服可再生能源发电间歇性与不稳定性等问题，实现张北千万千瓦级新能源基地汇集外送。

张北 500 千伏柔性直流工程建设

深挖资源禀赋

河北张家口地区是可再生能源资源富集区，拥有风、光、储能等多种典型要素，堪称“风的故乡、光的海洋”，风能、太阳能可开发规模高达 8500 万千瓦，具备良好的多能互补建设条件。基于张家口地区电力需求较小、新能源接纳能力有限的现实背景，张北柔直工程将河北张家口及承德地区上百家风电场、数千家光伏电站连成一个有机整体，构建了一个全要素物联、全空间展示、全信息监控、全场景模拟、全智库指导、全过程分析、全生命管理的“七全”管控系统，实现了一线架起互联通道，能够为毗邻的京津冀电力负荷中心提供强大的能源支撑。

勇攀技术高峰

风能、太阳能等可再生能源的随机性、波动性特征使得新能源大规模并网消纳成为世界性难题。张北柔直工程实现了柔性直流输电技术与新型装备技术的有效融合，突破柔性直流电网构建难题，提出了柔直组网、多点汇集、多能互补的直流电网拓扑和系统方案，成功研制混合式、负压耦合式和机械式直流断路器；突破柔性直流容量提升难题，将 ± 500千伏柔性直流的输电容量提升至常规直流水平，单换流器额定容量提升到150万千瓦；突破柔性直流可靠性提升难题，将柔性直流的可靠性提升至常规直流水平。张北柔直工程的创新实践，将推动我国柔性直流输电技术在更高电压等级、更大输送容量上创新发展，巩固和扩大我国在世界直流输电领域的技术领先优势，提高我国电工装备制造业自主创新能力和国际竞争力。

创新智能运检

在工程运维方面，张北柔直工程有其特殊性，运维人员无法进入阀厅巡视。据此，国网冀北电力做了大量创新工作。建立了数字孪生系统，一是实现了换流站全站的全景监视；二是能够实现智能巡视，实时观测设备的状态；三是实现风险预警，依靠海量数据，对设备状态进行准确判断。另外，还开发了“智巡航母”，这是一个柔性直流换流阀厅多维立体智能巡检系统，创新应用 5G 通信、无人机、SLAM 激光导航等先进技术，能够实现阀厅的智能巡检、应急处理、智慧补给，辅助运检人员做出最优决策，切实保障张北柔直工程安全稳定运行。

项目可持续性价值

作为世界首个真正具有网络特性的直流电网工程，张北柔直工程在世界上率先开展了四端柔性直流环形电网的建设，并把柔性直流输电电压提升至 ±500 千伏，单换流器额定容量提升到 150 万千瓦，还首次研制并应用了直流断流器、换流阀、控制保护等直流电网关键设备，整个核心技术和关键设备均实现国际首创。该工程有效保障了张家口地区新能源送出和消纳，破解了新能源大规模开发、汇集和稳定送出的世界级难题，在推动能源转型与绿色发展、服务绿色办奥、引领科技创新、推动电工装备制造业转型升级等方面具有显著的综合效益和战略意义。

张北柔直换流站

项目亮点

张北柔直工程实现了柔性直流输电技术与新型装备技术的融合，通过构建世界首个具有网络特性的直流电网，解决了新能源大规模并网难、远距离传输难、源网荷平衡难等问题，使张家口地区充沛的风能得以大规模、稳定地输送至京津冀地区，助力北京冬奥会场馆实现“绿电”全覆盖，让张北的风持续点亮北京的灯。

140

每年可向北京输送140亿千瓦时清洁电力。

1/10

相当于北京年用电量的1/10。

1280

年减排二氧化碳1280万吨，实现了风能出张北，“绿电”送北京。

12

采用我国原创、领先世界的柔性直流电网新技术，创下12项世界第一，有效解决了张北地区绿色电力“并不上”“送不出”“难消纳”三大难题。

案例

"绿电行动"服务绿色低碳转型发展

案例概述

清洁能源是青海省的优势资源，太阳能、风能、水能技术可开发量近 36 亿千瓦，且品类齐全、集约开发优势显著。依托得天独厚的资源禀赋，国网青海电力以新发展理念为引领，将创新作为服务能源转型的重要支点，多措并举解决新能源发展面临的电源结构、网源时空、生产消纳、储能周期和价值价格等方面的错配问题，发挥梯级水库群联合调节、储能削峰填谷等作用，最大限度增发新能源，在新能源大数据、共享储能等领域取得了一批具有青海特色、引领行业发展的重大成果。"十三五"以来投资 450 亿元，支撑 2000 余万千瓦新能源接入，青海新能源装机年均增速 32%，交直流外送电量年均增速 78.1%，为青海建设国家重要的新型能源产业基地和国家清洁能源产业高地提供了坚强电力支撑。特别是连续 6 年的"全清洁能源供电"创新实践活动成效显著、成果丰硕，屡次刷新并保持世界纪录。如今，"绿电"实践活动已成为青海能源转型发展的"金色名片"。

典型举措

2017 年 6 月青海在全国首开全清洁能源供电先河，国网青海电力在全国首次连续 7 天、168 小时全部使用清洁能源供电，以此践行并倡导生态环保、节能减排的绿色发展理念。2022 年 6 月 25 日—7 月 29 日，为期 35 天的"绿电 5 周"全清洁能源供电期间，清洁能源发电量 99.75 亿千瓦时，相当于减少燃煤 453.4 万吨，减排二氧化碳 816.1 万吨。从最初的"绿电 7 日"到如今的"绿电 5 周"，国网青海电力持续深化"绿电"发展实践，不断推动发展理念更迭、产业技术创新、体制机制完善。坚决扛起"双碳"使命责任，推动绿色低碳转型发展，国网青海电力以"绿电"活动为抓手，全力推动"大送端"新型电力系统体系示范建设，助力青海打造国家清洁能源产业高地。

国网青海电力共产党员服务队上门服务新能源发电企业

探建新型电力系统

国网青海电力进一步深化应用多能互补协调调控技术，结合青海电网“双高双峰”特性，充分利用水、风、光在月、日、时不同时间段上的互补特性，创新应用多能源电力系统互补协调调度与控制系统，实现不同时间段优化调度与实时控制功能的有效集成，提高全网供电保障水平和新能源消纳能力，增发新能源 9000 余万千瓦时。此外，国网青海电力还推广应用源网荷储互动技术，通过完善源网荷储协调平衡策略、优化储能电站充放电模式等手段，提升新能源午间消纳空间 100 万千瓦以上，提升全网新能源利用率 1.2 个百分点；探索应用线路动态增容技术，在 330 千伏花丁双回线安装了 120 个测温单元、4 台通道可视化设备，采用“无人机 + 人工”方式对线路薄弱环节实时观测，相关数据接入输电全景监控平台，实时监测交流通道运行状况，并根据环境温度、风速和输电线路的引流温升、弧垂变化等情况动态计算载流能力，提升新能源送出能力和重负荷地区供电能力。

完善“双碳”数据支撑

传统方式下，碳排放监测统计难度大，通常以年度为频次，很难满足连续性和及时性要求。在对用电数据进行实时收集的基础上，国网青海电力深化应用碳排放监测技术，创新发布了“基于电力高频数据的规上企业碳账户监测模型”，实现对青海全省重点行业、产业以及居民用户碳排放日频度监测分析。通过充分发挥电力大数据优势，探寻用电量与碳排放之间的内在规律与趋势，实现全口径、多维度碳排放、碳减排智能在线监测分析，打开了从能源数据看“双碳”目标的新视角，实现碳排放“全景看、一网控”，精准“导航”青海碳减排，为企业节能减排提供测碳服务，为政府“能碳双控”提供决策参考。

创新市场交易方式

国网青海电力组织新能源电站与用户开展绿色电力交易，在电能量价值的基础上体现绿色电力的环境价值，为用户颁发绿色电力交易证明，通过“证电合一”的交易模式，实现绿色电力交易品种优先组织、优先执行、优先结算，满足了用户主动购买“绿电”的需求。此外，还组织全省大中型水电、新能源发电企业与市场化用户开展电力直接交易，通过缩短交易周期、增加交易频次为市场主体提供合同偏差调整手段，进一步提升新能源发电利用率；开展中长期分时段交易，组织具备灵活调节能力的企业与新能源电站开展中长期分时段电力交易，按照“时段不同、价值不同”的原则，发挥市场手段，拉大峰谷价差，推动中长期交易由电量交易逐步向电力交易转变，引导市场主体合理调整发用电策略。

动员公众积极参与

以“民生改善”为重点，国网青海电力聚焦电动汽车绿色出行、蓄热式电锅炉绿色生活，精准发力，促成投运国内首座侧位式换电站，在两市一州投运 7 座公交充电站，服务 2000 余辆电动公交车高效运行，全面启动 30 座充电站的改扩建工程，做到“绿电”服务民生、贴近百姓。还向全省推广蓄热式电锅炉，2022 年上半年清洁供暖用电量 6.2 亿千瓦时，同比增长 18%。国网青海电力不断拓展电能替代的广度和深度，积极推动“绿电”行动进校园、“绿电”响应进园区、“绿电”保障进湖区，积极打造社会主动参与、友好互动的清洁电力替代新模式。

国网青海电力调控人员正在监控“绿电”实时成分

项目亮点

“绿电”实践一小步，能源转型一大步。随着“绿电”行动不断探索创新，“绿电”技术更加先进，清洁能源开发消纳再上新台阶。国网青海电力积极培育绿色能源新业态，让“绿电”范围更加广阔，持续拓展电能替代的纵深度，打造社会和用户主动参与、友好互动的清洁电力替代新模式，让清洁能源更好地为美好生活充电、为美丽中国赋能。

项目可持续性价值

从“绿电7日”到“绿电5周”，国网青海电力持续攻关新能源电力消纳技术，不断提升和完善电网结构，青海电网现已发展成为东接甘肃、南联西藏、西引新疆和直通中原的交直流混合型、多端枢纽电网。2022年，青海电网总装机规模4325万千瓦，清洁能源装机容量为3933万千瓦，其中新能源装机容量为2674万千瓦。青海电网成为全国清洁能源、新能源装机占比最高的省域电网，光伏发电成为省内第一大电源。

下一步，国网青海电力将以新型电力系统省级示范区建设为目标，坚持“省内高水平转换消纳+省外大规模输送”双轮驱动发展，主动探索，先行先试，为建设现代化新青海、打造国家清洁能源产业高地提供绿色动能、贡献国家电网力量。

251.56

2017—2021年，5年“绿电行动”累计提供清洁电量251.56亿千瓦时。

1143

相当于减少标准煤燃烧1143万吨。

2058

减排二氧化碳2058万吨。

19.4% ↑ **31.8%**

新能源发电量占全网发电量的比例从19.4%提升到31.8%。

“绿电5周”活动期间，“绿电”成绩单进一步提升，实现了生态、经济和社会效益多方共赢。

开启了青海省省内绿色电力消费的新模式，为促进新能源消纳，推动“双碳”目标实现，提出了解决方案。

“绿电行动”的成功实践也为其他地区探索减碳节能方式提供了有益借鉴。

案例

链上“绿色数智再循环”构建废旧物资再利用体系

案例概述

2021 年 3 月，国务院印发《关于加快建立健全绿色低碳循环发展经济体系的指导意见》，提出“加快废旧物资循环利用体系建设，提升资源产出率和回收利用率”的要求。2022 年 1 月，国家发展改革委等部门印发《关于加快废旧物资循环利用体系建设的指导意见》，提出基本建立废旧物资回收网络体系，建成绿色分拣中心 1000 个以上。3 月，《国家电网“碳达峰、碳中和”行动实施方案》下发，物资专业贯彻绿色发展理念，努力当好“引领者”“推动者”“先行者”。

国网山东电力坚持以“双碳”战略为指引，深入落实国家电网有限公司决策部署，聚焦“绿色现代数智供应链”建设，坚持“实际、实用、实效”原则，体现“绿色、数智、再循环”价值，全面深化绿色数智废旧物资再利用，建成废旧回收“两中心”（鲁东全智能绿色分拣中心、鲁西零碳分拣中心），两处分拣中心 1 万余平方米，室外堆场 1.2 万余平方米，实现拆解能力 2 万台 / 年，形成山东省域东、西两个拆解中心布局，初步建成区域化废旧物资处置网络，全面开展变压器、电能表等废旧物资拆解再利用工作，推进报废物资集中回收、统一分拣、分类处置，降低废旧物资跑冒滴漏和环境污染风险，努力实现变废为“宝”。

国网山东电力建有

德州禹城、日照五莲

两个配电变压器拆解中心

德州禹城

配电变压器拆解中心负责接收并拆解以下 8 个地区报废的变压器：

济南、泰安、淄博、莱芜、滨州、东营、聊城、德州

日照五莲

鲁东变压器拆解中心负责接收并拆解以下 9 个地区报废的变压器：

青岛、潍坊、菏泽、枣庄、济宁、烟台、临沂、日照、威海

典型举措

国网山东电力紧密聚焦“绿色现代数智供应链”建设，强化专业协同和数字化转型，以电网废旧物资绿色再利用为抓手，探索同电网废旧物资再加工企业合作，积极推进报废物资统一分拣、分类处置、高效利用，降低废旧物资跑冒滴漏和环境污染风险，减少全过程业务能耗排放，全面提升经济效益、社会效益和环境效益。

国网山东电力与第三方企业合作对变压器油进行无害化处理，实现废旧物资的绿色循环再利用

探索报废物资绿色处置新模式

国网山东电力针对电网废旧物资特点，探索分类处置、循环利用工作方案。通过主动对接后端废旧物资再加工企业，积极开展原材料再利用业务合作，对电网废旧物资进行集聚化回收、精细化分拣、规模化拍卖和高值化加工利用。研究编制报废物资绿色处置工作规范，优化危废品处置流程，降低拆解中心建设运营成本。积极与后端原材料加工企业开展业务合作，探索开展废旧物资规模化收集、精细化分拣、定向化分流处置，有序推动铜、硅钢等废旧有色金属循环再利用。根据后端加工企业需求，优化拆解工艺，将配电变压器拆分为线圈、硅钢片、变压器油、壳体，实现由“物资报废处理”向“合格再生原料提供”业务模式转变，产品附加值提升 20% 以上。

构建绿色废旧物资循环利用体系

综合考虑报废物资处置业务历史数据及发展规划，结合国家电网绿色现代数智供应链提质增效工作方案要求，推动危废库集中布局、集约管理，降低建设运营成本。以“交投点（施工现场）、回收站（市供电公司废旧物资存放场所）、绿色分拣中心”为主体，采用互联网、大数据和云计算等现代信息技术和手段，建立废旧物资回收、运输、分拣等全品类、全区域、全流程、一体化的绿色废旧物资循环利用体系。业务范围覆盖 114 家供电单位，年拆解能力突破 2 万台，致力于“无废电网、绿色低碳”的建设目标。

驱动上下游产业链转型升级

国网山东电力深入推进绿色现代数智供应链建设与发展，积极探索开展报废物资原厂回收模式，充分利用企业销售网络，打通回收通路。对于上游设备制造环节，督促设备制造厂商根据分拣、拆解的便捷性，在满足设备正常使用情况下，研究改造设备，规范、减少不同型号的零部件尺寸、规格、材料差异，为统一拆解动作、流程创造便利条件。持续优化回收商绩效评价体系，将低碳、环保等因素作为重要参考标准，引导 152 家回收商依法合规开展报废物资绿色处置，推动产业链绿色低碳转型升级。

项目亮点

业务全流程厚植“绿色低碳”理念，贯穿物资处置计划、招标采购、物流运输、运行维护、回收处置等全过程各环节，助力再生资源高值化循环利用，推动绿色数智供应链贯通融合，促进上下游企业各环节、产品全生命周期的有效衔接、高效运转，充分整合各方资源优势，最大程度发掘废旧物资价值，实现企业与环境和谐共生。

报废变压器拆解作业现场

项目可持续性价值

国网山东电力将继续以“绿色、低碳、智能”理念为引领，坚持“专业化分类、科学化处置、高价值再利用”原则，围绕“绿色数智”，升级智能分拣、拆解生产线，争创国家级绿色分拣中心。同时，以绿色分拣中心建设运行为契机，督促上游供应商综合考虑废旧物资处置便捷性，利用节能技术改进产品能效、优选环保材料、采用绿色包装，降低废旧处置环境污染；优化下游废旧回收商绩效评价体系，引导企业提升绿色环保意识，依法合规处置废旧物资，驱动上下游配套产业链转型，完善资源循环利用、产品退役综合利用等标准，优化产业碳跟踪、碳排放核查核算标准，助力供应链绿色发展，全面构建废旧物资科学循环再利用体系。

绿色分拣中心信息化建设集成方案

2560

2021年以来，废旧物资再利用中心不断提升废旧处置能力和流程信息化建设水平，深入对接废旧物资处置需求企业，拆解业务量逐渐增加，累计拆解2560台报废变压器。

200

为公司增加处置效益约200余万元。

300

深化与外部能源再利用企业合作，实现300吨废旧变压器油无害化处置，转化为基础油再利用。

积极应用光伏发电、电动运输载具，合理规划运输路线，有效减少有害气体排放，实现经济效益与社会效益双丰收。

2022年以来，与国网智能科技股份有限公司、山东鲁软数字科技有限公司开展联合攻关，推进废旧物资回收再利用平台与智能分拣机器人研发。

推动资源节约利用 共同打造“无废世界”

“无废”理念与资源循环利用是积极应对气候变化，实现减废降耗的有效路径，也是转变经济发展方式，实现社会可持续发展的必然选择。2019年以来，国网新疆电力围绕废旧生产物资回收利用问题，践行绿色发展理念，倡导“共创、共享、共赢”创新路径，积极打造由电力企业、花卉种植、农业合作社、社区等共同组成的报废物资再利用生态圈，构建各方参与、互利共赢的“报废物资再利用”运作模式。并依托“小小废旧生产物资蕴藏大能量”这一活动载体，积极开展“‘帽’美如花”“美轮美奂”“‘绳’采飞扬”“求‘桶’存‘椅’”等一系列废旧生产物资绿色处置项目，充分挖掘废旧生产物资剩余价值，提高废旧物资处置效率。

截至2022年10月，国网新疆电力共与21个利益相关方合作，已有1870顶报废安全帽、10根报废安全绳、5个废旧油桶以多种方式实现再利用，为企业节约处置成本2万余元，累计为利益相关方增加收入1.5万余元。此外，街道、社区、乡村等也表达了强烈合作意愿。该项目也得到了全国人大代表和社会各界的肯定，最大程度发掘废旧物资价值，实现企业与环境和谐共生。

报废安全帽再利用推广至新疆昌吉市华兴农场

02

深入推进环境污染防治

加强全面环境管理
26
确保电网全生命周期低碳环保
28

电网是重要的能源基础设施，也是践行生态文明理念的重要载体。国家电网深入贯彻习近平生态文明思想，践行“绿水青山就是金山银山”的理念，将全面环境管理理念贯穿电网发展全过程，将环境保护核心价值观注入公司发展运营的各个环节，推动电网高质量发展和生态环境高水平保护协同共进。

加强全面环境管理

公司坚持资源节约、环境友好、绿色低碳原则，构建全面环境管理体系，建立健全环境保护工作长效机制，推进利益相关方共护绿水青山，实现电网与生态环境和谐共生。

环境保护工作愿景

创建严守法律、体系完善、运转高效、绿色引领的一流环境保护管理，建设资源节约、环境友好的绿色电网，为美好生活充电、为美丽中国赋能。

环境保护工作部署

通过书写好为美丽中国赋能的绿色答卷，发布碳达峰、碳中和行动方案，助力深入打好污染防治攻坚战，推动区域高质量发展，实施电网绿色建设和运行，落实国家生态文明建设重大决策部署。

构建全面环境管理体系

以电网发展为主线，以全业务覆盖为基础，以全过程监督为手段，构建包括制度建设、组织机构、技术支撑、宣传培训、应急管理、考核评价在内的管理体系，全方位、体系化推进生态环境保护工作。

全面环境管理体系

制度建设

建立由基本管理制度、专项管理制度、工作规范和技术标准四个层次组成，覆盖发展战略、规划设计、建设施工、设备采购、运维检修、技术改造、退役报废、循环利用等全流程业务的制度标准体系，发布制度规范 29 项、企业标准 14 项，使公司环境保护工作做到有章可循、有据可依。

组织机构

遵循全过程归口管理和分级负责的原则，建立起包括总部、27 家省公司、5 家相关直属单位及其所属地市公司级单位在内的三级环境保护管理组织机构。

2021 年

举办环境保护培训班 **170** 个。

参加环境保护培训人数 **5846** 人次。

开展电网环境保护主题宣传活动 **1639** 次。

发放环保宣传材料 **29.2** 万份。

技术支撑

构建环境保护技术监督、项目环境保护管理两大支撑体系。建立了由中国电科院、国网经研院和省公司电科院、经研院等单位组成的环境保护技术监督支撑体系；建立了由国网经研院、省公司经研院等单位组成的电网建设项目环境保护和水土保持管理支撑体系。

宣传培训

建立宣传培训长效机制，坚持环境保护主题宣传和常态宣传相结合，规范宣传内容，丰富宣传形式，向公众提供科学、全面的电力环境保护知识。定期组织环境保护管理人员业务培训，开展全员环境保护知识宣贯。

应急管理

制定突发环境事件应急预案，建立健全应急队伍，配置应急物资、装备，组织开展应急演练，提高应对各种突发环境事件能力。建立环境保护纠纷处理机制，主动回应，真诚沟通，妥善解决人民群众合理诉求。

考核评价

定期开展环境保护工作监督检查，将环境保护工作纳入企业负责人业绩考核，将环境保护指标纳入同业对标指标体系，保证各项环境保护工作落实到位。

确保电网全生命周期低碳环保

将生态优先、绿色发展理念融入电网建设运行全过程，在规划选址、可研设计、建设施工、生产运行和设备退役等生命周期，确保电网对环境的负面影响最小化。

规划阶段环境保护

优化选址选线，合理避让生态保护红线和环境敏感区，保护沿线森林、草原、湿地等各类生态系统；明确环境保护和水土保持措施、设施的设计原则和投资估算；编报环境影响评价文件、水土保持方案；开展环境保护、水土保持设计。

建设阶段环境保护

积极采用有利于保护环境的新技术新工艺新材料，落实各项环境保护和水土保持措施，减少施工活动对周围环境的影响，避免生态破坏和水土流失；落实环境保护和水土保持“三同时”制度，落实环境影响报告与水土保持方案及其批复文件要求；组织开展竣工环境保护验收、水土保持设施验收。

运行阶段环境保护

认真执行环境保护相关标准，加强污染防治设施运维管理，强化技术监督和环境治理，确保噪声、废水、电磁环境等达标；开展环境因子监测和治理，开展电网废弃物环境无害化处置。

2021 年
110 千伏及以上电压等级变电站（换流站）噪声监测 6270 座。
110 千伏及以上电压等级变电站（换流站）噪声治理 26 座。
处置废矿物油 2993.2 吨，废铅蓄电池 5612.4 吨。
110 千伏及以上有人值守变电站（换流站）外排废水监测 1045 座。
110 千伏及以上有人值守变电站（换流站）外排废水超标治理 9 座。

案例

发展港口岸电
为长江经济带绿色发展赋能

案例概述

国网重庆电力结合重庆作为长江经济带国家级中心城市的实际，积极推进长江流域重庆段“四地六点”三峡游港口泊位的岸电建设。在岸电项目建设落地实践中，主要解决安全性要求高、供电质量不佳、客户认知度与配合度低三大难题。

首先，结合重庆市建设“山清水秀之地、内陆开放高地”战略目标，通过走访、邀请座谈和实地查勘，先后与渝中区政府、重庆港务局、邮轮公司、市政、环保等部门进行有效沟通，明确安全性、环保性、选址、用地、安装、运营、维护等重要问题。其次，联合重庆大学、水务局、电科院等专家展开技术攻关，基于长江重庆段的水文特点和汛期规律，设定技术合作目标，创新采用全国首创双浮趸供电方案、人机协同电控插拔装置等新技术、新设备，提高岸电的安全性和供电质量。最后，同参与合作方共享岸电经济、环保和减排效益，实现多方合作共赢，有效推动了长江流域绿色低碳发展“共同体”形成。岸电项目的落成不仅能为长江流域经济发展提供稳定能源供应，还将环境保护、气候变化、低碳发展等理念融入其中，并传播于各利益相关方，进一步提升大众对生态环保的重视与关注。

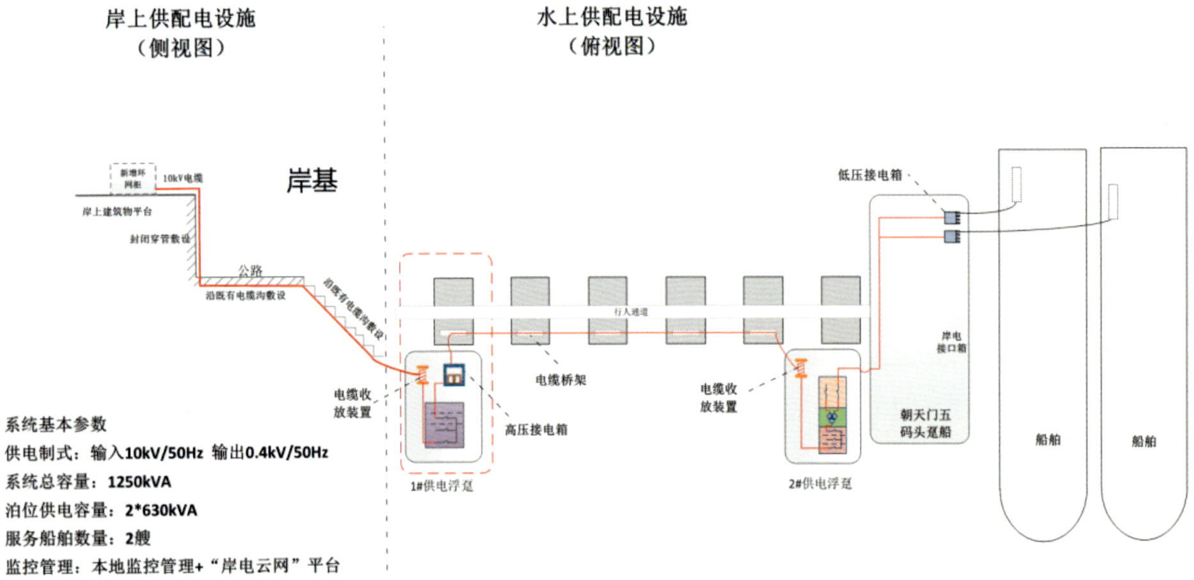

朝天门港口 11 码头岸电建设模型

全国首创双浮趸技术现场

典型举措

国网重庆电力依据“诚信透明、优势互补、合作分工、互利共赢、可持续发展”的工作原则，积极推动岸电“共同体”发展，为长江游轮提供绿色、安全、经济的岸电服务，与利益相关方分享岸电经济效益，探索建立了一套可复制推广的建设和运营管理体系，并在长江流域重庆段主要游轮码头推广应用。

政企联动，解决原则问题

积极对接重庆市政府建设战略目标，对接渝中区政府、市交通局、发展改革委、经信委等政府职能部门，登门沟通岸电建设的经济效益、环保效益、社会效益，最终促成重庆直辖市省级层面《港口码头船舶岸电设施工程安全技术规范》出台，有效支撑了地区的岸电建设安全保障工作。同时协调重庆市交通委员会、重庆市发展改革委、重庆市经信委、重庆市环保局、重庆市能源局、重庆市物价局等部门，联合拟定技术规范文件，明晰工作目标和安全技术参数，为岸电建设确立了省级层面政策支撑。并进一步明确了供区内交通、发改、港口、能源、经信、环保、物价等方面利益相关方的职责义务和合作价值。

安全增强：在防止触电、系统与节点的多重电气保护功能、绝缘监测方面有显著提升，全方位保障岸电安全。

供电可靠：提升供电能力和质量，实现低压连船电缆自动插拔，设置完全独立的供电系统，切实满足船舶用电需求。

专家联动，解决技术问题

以国家电网有限公司统一技术规范为标准，实行“一码头一方案”，为每个泊位配置 1250 千伏安，总供电容量达到 5000 千伏安，高峰时段可同时满足 8 艘游轮靠港期间的用电需求。国网重庆电力借鉴国家电网有限公司在三峡坝区的岸电建设经验，结合重庆市大水位落差的水域特点和港口现场水位平均落差超过 20 米、水流速度大等实际情况，成立由多名业内专家组成的技术攻关蚂蚁团队，解决水位快速变化时收放电缆的安全性和便捷性问题，在全国首创了“双供电浮趸”的供电方案，满足长江、嘉陵江水位暴涨快落时收放电缆的安全性和便捷性要求的同时，也为高等学府和电力科研机构科研创新和课题研究提供了实践论证平台。

安装调试岸电接口装置

多方联动，共享创新效益

因港口位置十分特殊、地形较为复杂、土地资源有限，国网重庆电力多次邀请政府部门现场会商，并深入对接重庆市交通局、中国船级社、重庆市客轮有限公司、重庆市环保局、港口岸电技术应用专家组、港口单位、船舶方等利益相关方，定期召开港口岸电示范项目方案审评会，开展动态联动，探讨建立港口岸电建设“共同体”。先后与长江母港岸电项目业主签订了《合作框架协议》，联合编制《运维规程》和《运营规程》，指导各相关部门开展工作。明确供电单位承担主体安全责任，按规程要求落实安全管理和服务质量监督、评价和考核。运维单位负责设备常态化运行维护、紧急故障抢修和船舶接电服务，码头单位负责汛期预警、供电浮趸排迭等，逐步将街道、水警、消防、城市管理、应急救援等利益相关方拉进“朋友圈”，扩大参与合作范围，实现通力协作，合作共赢。

项目亮点

为助力打赢污染防治攻坚战，贯彻绿色生态建设工作部署，创新推进长江经济带发展，国网重庆电力综合电网企业特有的资源优势，依托重庆“山城”临江的地理条件，协同各利益相关方合力打造港口岸电项目，实现了生态维护与经济效益双丰收的可持续发展价值。

项目可持续性价值

项目在全国首创双浮趸供电方案，通过“连桥快拆式滚轴桥架”解决洪水暴涨快落时电缆收放的便捷性问题，同时可减少电缆与浮趸、托架等固定设施的摩擦力，延长电缆使用寿命。组建了专业运营队伍为船舶使用岸电提供规范统一、安全便捷的服务，打造与政府、港口、游轮、运维单位之间畅通的信息联络网。后期条件成熟时，将着手成立岸电服务公司，实现岸电项目从建设到运维运营一条龙管理。

↓1.35 / ↓1.93

绿色环保：每年可减少燃油消耗1.35万吨，减排污染物1.93万吨，积极保护长江流域生态环境。

1500

经济收益：与燃油方式相比，每千瓦时电节省0.38元；每年增加供电营收约1500万元；助力禁航游轮打造“高端水上酒店”特色服务品牌。

案例

实现零能耗建筑 助力智慧生态城市建设

案例概述

2020 年 4 月，国家电网有限公司和天津市首个零能耗智慧建筑成功落地在天津市中新天津生态城惠风溪智慧能源小镇，其最大特点在于采用光伏建筑一体化设计，是推动能源清洁高效利用的生动实践，为绿色建筑建设、绿色城市发展提供了新思路。国网天津电力贯彻落实习近平总书记两次视察天津重要指示精神，秉承可复制、可推广的理念，有效结合国内一流水平的零能耗建筑技术与智慧能源技术，将“积极稳妥推进碳达峰碳中和”“推动能源清洁低碳高效利用，推进工业、建筑、交通等领域清洁低碳转型”落在实处，造就了一座充满未来气息、科技含量十足、可作为未来建筑示范典型的零能耗智慧建筑。

零能耗智慧建筑也叫“零能耗小屋”或“0+ 小屋”，其中“0”代表着零能耗，“+”代表着“模式 +”“平台 +”“智慧 +”，小屋集智慧能源与绿色建筑于一体，内部共设置“调蓄空间”“绿色氧吧”“零能耗概念空间”“智慧家居体验空间”和“智慧商务体验空间”五个部分，同时建设本体与光伏路面、光伏路灯、光伏垃圾桶等城市绿色公建设施有机结合。小屋还结合自身优势，初步探索了高效电能转换装置、智慧能源调配系统以及直流节电设备的综合应用，为零能耗建筑推广应用提供了可借鉴的建设模式。

典型举措

零能耗多功能

小屋建筑面积 135 平方米，屋顶铺设光伏板，可实现电能的自发自用，全年发电量超过 2 万千瓦时。小屋内装配储能电池，可灵活调整充放电模式。具有自主知识产权的能量路由器是小屋的“能源控制中心”，可以对电网、光伏、储能以及家电之间的能量传输进行智能控制。在建筑设计上，小屋采用高保温、多层真空玻璃等建筑材料，可有效阻断小屋内外能量交换，使小屋能耗水平较国家标准降低 70% 以上。小屋内还设有“绿色氧吧”，将植物光合作用产生的氧气经加湿、过滤后通过新风系统送入室内，让小屋内的空气清新怡人。

“产储用节控”多位一体

绿色“产”：小屋充分考虑屋顶结构、光照角度和周边环境，优化系统设计，铺设了60块共计20.7千瓦屋顶光伏，全年发电超过2万千瓦时，相当于减少二氧化碳排放20吨，为建筑提供了充足的可再生能源，并实现余电上网，成为区域分布式电源。

零能耗智慧建筑外观

灵活“储”：采用安全性能高、自放电率小的锂电池组作为建筑的储能单元，结合不同时段的用能需求，灵活调整充放电模式。储能单元容量为 40 千瓦时，在节能模式下能够满足建筑近 2 天的能源需求。

便捷“用”：应用新型智能量测系统，实现精细化家电运行监测与能效分析。并可通过语音、体感和远程等多种方式实现各类家电的智慧化控制。

高效“节”：创新应用超保温围护结构等“被动式”建筑技术，使用高保温墙体建材、多层真空玻璃等新型建筑材料，大幅提升建筑气密性，建筑能耗水平较国家标准降低 70% 以上。

智慧“控”：依托“新型城镇能源互联网关键技术研究”国家重点研发计划项目，联合天津大学研制多端口家庭能量路由器，实现对光伏、储能、负荷的智能化综合控制，提高系统整体运行效率。

智慧建筑本源

智慧家居体验空间：展示新型智能电表、直流电器、智能家居等创新应用。

零能耗概念空间：展示建筑总体建设思路和实现零能耗运行的创新技术——建筑本体的节能技术、先进的能量管理系统以及高能效的电器设备。

智慧商务体验空间：展示智能投屏、通电玻璃等创新应用。

调蓄空间：通过应用人脸识别、智能传感等技术，可以自动控制门禁开闭，减少由于人员进出、空气交换造成的能量损耗。

绿色氧吧：对外部空气进行加湿、过滤，再通过新风系统将新鲜空气输送到建筑内部，提升空气质量，营造舒适氛围。

零能耗智慧建筑俯瞰图

零能耗智慧建筑概念空间

通过零能耗智慧管理系统查看建筑运行情况

项目亮点

全世界正在努力应对气候变化和全球变暖，各行各业都在寻求将碳排放降至最低，并转向可再生能源。建筑行业尤其如此，它经常被指责是对环境造成巨大影响的领域。国网天津电力努力探索并实践出绿色低碳零能耗的生态智慧建筑，不仅将维稳生态平衡放于核心，还将电网企业优势在房屋建筑上充分展示，完成房屋与现代化智慧科技有效结合。“0+ 小屋”的可复制性、可推广性在我国发展“零能耗建筑”的大趋势中，以及建设未来城市的必经之路上，做出优秀的样板示范。

项目可持续性价值

国网天津电力将以“零能耗小屋”为全新出发点，持续深耕零能耗建筑在未来城市的复制性与落地性，为“双碳”目标贡献全部力量。未来，零能耗建筑的重要性不仅在于其节能效益，更在于平衡人们的居家体验与生态保护，在保障减少碳排放的同时，通过加强建筑的活力公共空间，让人们因而享受到更优质的空间体验，促进人与自然和谐共生。国网天津电力将持续发挥电网企业优势，将建筑定为实现净零未来的关键一环，加快对零能耗建筑的研究不仅是对环境负责，更对推动健康、智慧的城市建设具有积极作用，助力社会实现低碳转向零碳发展的目标。

生态智慧建筑新标杆：项目采用光伏建筑一体化设计，以能源清洁高效利用为核心理念，将绿色生态与智能建筑技术有机结合，创新推进未来智能城市建设，为绿色建筑建设、绿色城市发展提供了新思路。

低碳零排转型新路径：项目顶层设计与实施落地紧紧围绕“双碳”目标，通过清洁能源自产自足新模式和智能能源调配新手段，有效解决日常用能消耗快、消耗大、有污染等难题，切实加快能源转型，为社会用能提供了新途径。

未来智慧城市新趋势：项目基于《近零能耗建筑技术标准》以及美国LEED Zero等国际国内标准开展设计，为后续绿色建筑、生态城市、智慧城市提供了能复制、可推广且具有先进性、高端化的样板示范工程。

案例

贡献智慧能源 创新污染防治

案例概述

为抵御持续排放温室气体与污染物对自然生态系统和人类社会产生的巨大风险，国家电网有限公司迅速贯彻落实习近平总书记重要指示，在央企中率先发布《“碳达峰、碳中和”行动方案》，努力当好能源清洁低碳转型的引领者、推动者、先行者。国网福建电力积极响应号召，提出 98 项重点工作，助推福建省持续实施生态省战略目标，并以湄洲岛为试点，助力地方政府推进海岛生态环保，提升整体防污综合治理水平，立足新型电力系统应用应对气候变化，建设全国首个“零碳岛”“碳中和文化岛”。

国网莆田供电公司在湄洲岛联合各利益相关方共同推进海岛污染整治，接入数字平台有效监控排污情况与预防污染风险，切实提升区域整体防污能力，维护海岛生态环境。同时全面建设以新能源为主体的新型电力系统，推进能源供给侧清洁化、能源需求侧电气化、零碳与产业协同化，着力探索出一条可复制、可推广的“能源清洁低碳转型、智慧能源引领绿色发展”创新道路，打造联合国可持续发展目标在海岛落地的中国样板。

湄洲岛夜景工程

典型举措

首发海岛“双碳”规划，推动绿色生态发展

从“双碳”规划入手

国网莆田供电公司首先从规划侧入手，联合湄洲岛管委会、国网综合能源规划设计研究院，制定《湄洲岛“碳达峰、碳中和”规划》，提出了“2022 年碳达峰、2025 年碳中和”的规划路线图和时间表。规划以“零碳 + 文旅”“零碳 + 交通”“零碳 + 民生”“零碳 + 数字”“零碳 + 新型电力系统”5 类场景为抓手，通过可再生能源发电、厨房及交通电气化、建筑能效提升等 12 项重点工程，为湄洲岛建设生态文明旅游岛提供了系统完整的解决方案，同时该规划也成为全国首个通过评审的 5A 级旅游景区“双碳”规划。

从能源储备切入

湄洲岛风、光、海洋能等可再生能源丰富，年平均风速高、日照时间长。国网莆田供电公司建立“源荷互动”的风光储充一体化清洁能源供给系统，统筹协调政府、风电厂家在湄洲岛临近海域建设海上风电 239 兆瓦，结合乡村振兴及综合能源楼宇改造等建设光伏发电 500 千瓦，实现清洁能源 100% 消纳；投运国内首个接入 10 千伏海岛配电网的储能电站，以“超大充电宝”的形式为海岛提供可靠应急供电，应急情况下能够满足全岛高峰时段十分之一的电能供应。

海岛碳减碳汇水平显著提升

279

全岛通过可再生能源接入、全电厨房及交通出行“油改电”等系列措施，全年减碳279吨。

73%

碳排放增量下降73%。

230

由“电力义修哥”志愿服务队发起的生态公益林地及红树林海域湿地保护等行动，每年新增绿色碳汇量超230吨。

88%

湄洲岛电能在终端能源消费占比达88%。

27%

远高于全国27%的电能终端消费占比。

贡献智慧能源，保护世界文化遗产

以智能保护古建筑

协同当地政府，运用数字化智慧能源技术保护千年古庙、海岛环境，助力人与自然和谐共生。对千年妈祖祖庙的供电线路、设备进行了全智能化改造，投运古建筑智能保护系统，实现对配电线路、温湿度、消防、视频监视、灯光调节等智能化管理与控制，在保护世界非物质文化遗产的同时，打造游客必经的智慧用能示范点。

以数字提升防污治理水平

主动对接、协助政府做好红树林海域湿地生态保护，为水闸和站房管理提供电力保障与定期义务维护；将生态保护区用能接入数字能源平台实时监测，为 300 亩红树林湿地保护、海鸟栖息、滩涂生物生长等提供“电力 + 生态”数据服务。运用数字能源监控平台，实时监测全岛 1 个污水厂、3 个污水提升泵站、14 座一体化污水泵站用能数据，为当地政府排污治理提供数据决策支撑。

以众力增添小岛绿色

发起“义点绿碳中和”志愿行动，以电力指数测算企业碳排放量，再换算成“义点绿”指数，引导企业了解“企业碳排放量需要多少棵树的碳汇量才能中和”的直观量化思维。企业根据“义点绿”自发认捐或植树所形成的岛内绿地面积超 10 公顷。

湄洲岛数字能源平台

引导海岛节能提效，助力经济绿色转型

海岛三大经济产业转型

对岛内餐饮、民宿、出行三个领域的电气化改造不仅能够实现消费侧的减碳，更能提高岛民收入，形成可持续消费和生产模式，并利用数字能源监控平台，开发应用“智慧电网”“绿色出行”“美好生活”“清新旅游”等用能分析模块，打造全景智慧供电保障体系。

- **出行方面：**已投运 8 座充电站，形成“环岛三公里、核心一公里”充电圈。促成莆田市政府 11 个部门联合发文支持湄洲岛燃油车改电的支持政策，全岛 279 部游览观光车及 37 部公交车已全部实现电动化。
- **住宿方面：**试点建设 10 家全电智慧民宿，成立专属服务团队提供“全电 + 能效”个性化服务，提供精准能效分析，应用“智能断路器”和“能源路由器”，打造民宿能效经营管理新模式。选取 15 家民宿建立微电网，实现能源自给自足，打造零能耗示范点。
- **餐饮方面：**促成政府出台《湄洲岛酒店、家庭旅馆厨房和火锅餐饮业电气化改造实施方案》，完成全岛 179 家民宿与 21 家企事业单位的全电厨房改造，以电能替代油气实现“碳减排”。

海岛能源供应保障升级

针对用能供应保障，着力破解以往海底电缆外力破坏故障频发的问题，投用“海缆智能监控保护系统”，全国首创融合应用海事雷达系统和高清透雾视频监控、船舶自动识别系统等技术，实现海缆保护区内船只的无盲区管控。该系统同步应用于湄洲岛海底供水管道、通信光缆的保护，各类海底缆道年外破故障数从 3 次降为 0 次。

打造湄洲岛三公里充电圈

借力海洋文化交流，传播生态环保理念

湄洲岛妈祖文化辐射东南亚，国网莆田供电公司借力地域特色文化，发挥“电力义修哥”志愿服务品牌优势，对外展示国家电网助力应对气候变化的实践方案，当好传播绿色生活方式、倡导生态保护的光明使者。2013年至今组织开展“电力义修哥”志愿服务6000多人次。结合妈祖诞辰等大型文化交流活动，在祖庙、天后广场等提供向导、指引等服务，面向进岛国内外游客推送环保电子宣传手册约10万份，策划开展“六五世界环境日”环岛骑行等10多场绿色、低碳理念宣传活动。

项目亮点

国网福建电力以湄洲岛为试点践行生态环保理念，对全国七千余座海岛具有重要的示范作用；以湄洲岛为窗口向世界传递可持续发展理念和中国关注气候变化的决心与行动，亦具有特殊的传播意义。

项目可持续性价值

未来，国网福建电力将以《湄洲岛“碳达峰、碳中和”规划》为蓝图，全面推进湄洲岛实施可再生能源发电、厨房及交通电气化、建筑能效提升、碳普惠旅游模式创新等重点工程。

一是力争2022年减碳508吨，实际二氧化碳排放降低至26981吨，实现碳达峰；到2025年累计减碳29149吨，实际碳排放降低到2930吨，碳汇水平达到3032吨，温室气体净零排放，实现碳中和。二是以湄洲岛为示范点，积极构建新型电力系统，为推动我国能源清洁低碳转型，应对全球气候变化、保护生态环境贡献智慧与方案。

可复制可推广的低碳海岛样板

建立了“零碳+文旅”“零碳+交通”“零碳+民生”“零碳+数字”“零碳+新型电力系统”的五大“双碳”实施路径。

20

已有20多个海岛借鉴湄洲岛模式。

76

省内海上风电累计并网76万千瓦。

4124 / 3.5

各海岛实施电能替代增供电量4124万千瓦时，相当于减排二氧化碳3.5万吨。

以点带面传播可持续发展理念

93.2% / 96.1%

经综合整治调研，本岛居民生态环保及“双碳”理念知晓率达93.2%，居民绿色出行方式占比96.1%。

↑ 35%、26%

光伏用电申报户数、全电民宿改造意愿分别比往年增加35%、26%。

500

每年超500万海外游客来岛旅行，感受清新绿色低碳生活的美好，并向外传播低碳与持续发展理念，促进世界各地区共同践行可持续发展目标。

03

提升生态系统
多样性、稳定性、持续性

科学规划设计，将生物多样性保护融入电网前期工作
44
建设绿色电网，因地制宜保护生态环境
46
精心运行维护，推动电网与不同生态系统和谐共生
48

生物多样性构建了人类生存和发展的基础，是地球生命共同体的血脉和根基。电网作为重要的能源基础设施，不仅是践行生态文明理念的重要载体，也是生物多样性保护的重要力量。国家电网注重将生物多样性保护融入规划选址、可研设计、施工建设、项目运行以及设备退役等电网建设和运行全流程，积极探索电网和不同生物物种、不同生态系统的和谐共生之路，更好地服务生态文明建设。

科学规划设计，将生物多样性保护融入电网前期工作

从优化选址选线到精心编制环评方案，从严守生态保护红线到严防水土流失和林木砍伐，公司坚持在项目初始阶段就深度融合生物多样性保护的理念和思路，为实现电网与不同生物物种、不同生态系统和谐共生奠定了基础，提供了保障。

优化电网建设线路选址

在电网规划阶段优化选址选线，严守生态保护红线，合理避让环境敏感区，全力满足生态环境保护要求。将尽量降低电网建设工程对野生动植物栖息地的影响纳入项目规划、选址、选线原则。

扎实编制环评报告

在电网可研设计阶段扎实开展环境影响评价并编制环评报告、水土保持方案，开展环境保护、水土保持设计，减少土方开挖和树木砍伐，保护工程所在地和线路途经地的生态环境，促进电网可持续发展。

开展生物多样性评估

邀请专家评估生物多样性影响，对建设范围内动植物种类、分布情况以及建设活动和运营期对主要保护对象的影响进行调查评价。

建立生态保护管理机制

落实国家电网有限公司生物多样性保护理念，建立生态保护管理机制，加强施工人员的生态保护意识，从制度和管理层面严格管控施工环节，避免人为的环境破坏。

输变电设施景观化设计

在输电线路走廊试点换种低矮的兼具景观和阻燃效果的植物、花卉，探索绿水青山与森林防火安全兼顾的方案，实现生态环境、森林防火与电力设施保护的完美结合。

建设绿色电网，因地制宜保护生态环境

在电网建设过程中，公司秉持和谐共生理念，积极采用有利于生物多样性保护的新技术新工艺新材料，落实各项保护措施，从技术和管理等多维度控制电网建设对环境的影响；因地制宜开展生物多样性保护工作，开展保护项目20余项，涉及鸟类保护、荒漠化治理以及山地、林区、湿地、岛屿、水域等各类生态系统保护，走出了一条工程建设与生态文明相得益彰的和谐之路、创新之路。

科学规划设计
将生物多样性保护
融入电网前期工作

水土保持实践

建立统一、科学、完善的水土流失防治措施体系，实现全过程控制水土流失、恢复和改善生态环境的目标；按照“分片集中治理、分单元控制”的方式布局防治措施体系，通过在不同防治分区结合地形地貌实施工程措施、植物措施和临时措施，实现整体有效防治。

环境影响控制

探索应用隔声减震材料，研发基于传声器阵列的噪声定位技术，应用噪声在线监测装置，有效降低变电站（换流站）、抽水蓄能电站等设备噪声，科学降低声环境影响；从输电线路优化设计、敏感目标防护、利用植物屏蔽等方面采取措施，有效控制输电线路周围电场、磁场水平。

改善社区影响

助力项目地及周边居民经济和生态文明发展。通过帮扶、捐赠、合作、参与等多种社会活动和手段，促进当地绿色发展，提升居民生物多样性保护意识，从而实现电网建设工程对绿水青山的长久守护。

六氟化硫管控

开展六氟化硫（SF_6）气体状态检测、循环再利用等关键技术研究，开发具有自主知识产权的六氟化硫气体回收、净化处理成套装置，系统性推进温室气体减排。

国家电网有限公司生物多样性保护项目（部分）

鸟类多样性保护

青海三江源“生命鸟巢”猛禽保护项目
江苏扬州东方白鹳过境栖息保护项目
江西鄱阳湖智能生态护鸟项目
天津七里海湿地“绿色生命线”鸟类保护项目

沙漠化治理

宁夏腾格里沙漠“绿色走廊”荒漠治理项目
新疆乌鲁木齐天山“生态桥”冰川保护项目

山地生态保护

新疆伊犁绿色“电力天路”生态保护项目
陕西洋县绿色“GIS 之网”生态保护项目
安徽黄山“生态黄山”生态保护项目
江西萍乡云上草甸“风景线”生态保护项目

林区生态保护

湖北神农架金丝猴家园保护项目
湖南张家界国家森林公园生态保护项目
福建武夷山原始林区和谐生态圈保护项目
四川雅安野生大熊猫栖息地保护项目

湿地生态保护

山东东营湿地生态保护项目
江苏盐城湿地电网整改生态保护项目

水生态保护

河北沧州“全电化港口”生态保护项目
浙江湖州内河水生态保护项目
江苏宝应生态渔业光伏发电应用项目

岛屿生态保护

山东长岛“蓝色生态岛”保护项目

精心运行维护，推动电网与不同生态系统和谐共生

将保护生物多样性理念深度融入电网运行维护和电网设备退役全生命周期中。结合自身专业和优势，制定《国家电网公益项目品牌建设实施方案》，实施“国网绿色工程”，打造“候鸟生命线”“生命鸟巢”等生物多样性保护公益品牌项目；积极联合社会各界围绕多方联动、科学研究、技术创新、政策推动、巡护救助、公众宣教等多个维度开展生物多样性保护，形成生物多样性保护和电网发展兼顾的良好局面；加强设备全寿命周期管理，着力推动退役电网设备、废弃物等源头减量化、处理无害化、利用资源化，提高资源利用效率和废弃物循环再利用水平，持续改善生态和人居环境。

多方联动

在各地组建形成当地包括环境、教育等领域的政府部门、科研机构、公益组织、志愿团队等在内的跨界联盟。

科学研究

开展珍稀物种活动和电力设施交叉区域生态环境实地调研，以科学研究推动科学保护。

技术创新

研发铁塔护鸟挡板、风险点位占位器、绝缘子鸟粪防护装置、铁塔人工鸟巢等防护装置。

政策推动

推动和协助政府出台珍稀物种保护地管理办法，推动民间珍稀物种保护地纳入行政管理体系。

巡护救助

参与或支持各地森林公安、公益组织和志愿团体开展联合巡护活动，积极参与救助野生动物。

公众宣教

通过国内外媒体平台以纪录片、短视频、新闻稿等方式宣传绿色发展理念，倡导社会各界积极保护生物多样性。

截至 2021 年年底，“生命鸟巢”项目在三江源地区累计搭建人工鸟巢 **5018** 个，成功引鸟筑巢 **2300** 余窝，建设和谐电网、维护生态平衡。

截至 2021 年年底，“候鸟生命线”项目在 **8** 个地区开展生境调研、巡护救助和志愿者培训工作，调研覆盖候鸟迁徙距离 **2344.292** 千米，记录电网周围活动的野生鸟类 **56** 种，勘察各类人工鸟巢 **477** 个，开展巡护活动 **379** 次，救助野生鸟类 **12409** 只。

案例

守护大熊猫乐园 促进人与自然共生

案例概述

四川省拥有全球最大最完整的大熊猫栖息地，全球30%以上的野生大熊猫栖息于此。雅安市是邛崃山系大熊猫种群的核心分布区域，第四次全国大熊猫普查结果显示，雅安市野生大熊猫数量达到340只，在全国大熊猫保护工作中具有重要地位。除了大熊猫之外，这里也是许多濒危物种的栖息地，包括小熊猫、雪豹、云豹、斑羚，以及国家一级保护动物川金丝猴。同时，这里也是世界上除热带雨林以外植物种类最丰富的地区之一，生长着1000多个属种的5000~6000种植物。

为支持当地经济和社会发展，也为了更好保护生物多样性，雅安输变电工程建设在项目规划、选址、选线、建设过程中，以守护大熊猫栖息地为主，制定了7条原则：

① 满足当地城镇总体规划要求；
② 符合变电站出线总体规划要求；
③ 尽量避让人群聚居地；
④ 尽量靠近现有公路，便于施工和运行检修；
⑤ 尽可能减少与已建送电线路的交叉跨越；
⑥ 尽可能减少树木砍伐；
⑦ 避让不良地质区域。在施工中采取相应的措施，保护包括大熊猫在内的珍稀动植物，让电网建设服务社区发展，也服务生态保护。

中国大熊猫保护研究中心雅安碧峰峡基地的国宝大熊猫

典型举措

优化电网建设线路选址

在雅安蜂桶寨110千伏输变电工程设计阶段，国家电网本着对区域生物多样性影响最小的原则，结合区域发展需求，设计多套变电站站点和线路方案。

在线路设计方面，形成东、西两套方案。西方案全线总长度约2×38千米，东方案全线总长度约2×37.5千米。虽然东方案线路长度较短，但西方案林木砍伐较少，有利于生物多样性保护，民房拆迁量少，对居民的影响小，施工条件较优，供电安全性和可靠性较高。

此外，为了尽量减少占地及毁坏林地，削减工程对遗产地外围保护区的直接影响，按照“尽量避让林木密集覆盖区”的选线和设计原则，线路路径对林地密集区避让，对于不宜避让的，采用线距较小的塔形穿越，同时尽量设立高塔基。尽管会增加部分建设费用，但从保护角度看，可减少对临时占地或线路走廊下的林木的砍伐或削伐，对于保护原生环境和保持遗产地域景观完整起到很大作用。

以保护生物多样性为主要原则，综合考量各方面施工条件，在线路选址上最终选定西方案，同时采用高塔基的设计，在项目初始阶段将保护的理念和思路融入其中。

东西线路路径方案比较

项目方案	东方案	西方案	主要差异
线路长度	2×37.5千米	2×38千米	东方案略优
海拔高度	800~1850米	800~1700米	西方案优
林木砍伐量	约4000棵	约2000棵	西方案优
民房拆迁量	1500平方米，涉及6户	800平方米，涉及3户	西方案优
主要交叉跨越	钻220千伏线路2次，跨110千伏1次、河流6次	钻220千伏线路2次，跨110千伏1次、河流6次	相当

建立生态保护管理机制

为了加强施工人员的生态保护意识，国家电网建立了一系列生态保护管理机制，从制度层面严格管控施工环节，避免人为的环境破坏。

明确遗产地保护责任主体。输变电工程建设方及施工方在施工建设前与相关遗产地管理方签订保护自然生态和野生动植物的协议，在工程建设及运行期严格按照签订协议加强对工程项目区及评价区内野生动植物的保护。

加强宣教和法制建设。进入项目区前，施工单位和监督小组组织专业人员，向施工人员和管理人员普及《中华人民共和国森林法》等法律法规以及国家和四川省关于遗产地的有关政策。明确相关人员和单位的责任，提高施工人员的环境保护意识，确保遗产地内的自然环境不被污染，野生动物不被偷猎，野生植物不遭破坏，森林火灾不发生。

以当地遗产地管理机构为主体，建立自然保护监督小组，负责工程建设过程中的生态监督。自然保护监督小组协助工程建设方建立野生动植物保护、环境保护、野外用火等管理责任制度。同时，以向自然保护监督小组缴纳保证金的形式，对建设单位进行约束，避免出现破坏生物多样性的行为。

大熊猫野化放归地——栗子坪国家级自然保护区的生态环境

管控电网建设过程中的生物影响

电网建设施工期会产生不同类型的环境影响，包括施工期的机械噪声、固体废物、扬尘和地表扰动。为了控制生态环境影响，尽量避免对野生动植物造成干扰，国家电网针对电网建设活动，提出生物多样性保护的具体要求并付诸行动，力求将电网建设对生物多样性的影响降到最低。

在开工前，邀请专家评估生物多样性影响，对建设范围内动植物种类、分布情况以及建设活动和运营期对主要保护对象的影响进行调查评价。制定环境影响评价报告和水土保持方案，提出生态保护、植被恢复等措施。

在施工时，严格管控建设活动产生的噪声和固体废物等影响。优化施工时段，减少对动物的干扰。施工结束后，立刻开展生态修复工作。在运维期，规范运维人员行为，防止生活区污水和垃圾随意倾倒。严格遵守输电线路通道清理规章办法，保证必需的采伐活动不涉及珍稀林木。形成常态化监控机制，严控电网运行对生物多样性的影响。

生物多样性监测。为了实时掌握输变电工程，尤其是电力线路建设对沿线动植物物种多样性的影响，在输变电工程建设和运行期间常年监测动植物多样性的变化情况，根据监测变化状况制定相应的保护措施。主要监测内容为工程建设区域及周边环境野生动植物分布、活动范围、种群密度、受胁情况、栖息地破坏及恢复等方面的动态变化。重点开展对国家重点保护动物的监测。监测活动由水电工程实施方出资，由当地相关遗产地管理部门统一执行，样线布设在评价区内。

316

按照自然资本价值分析法估算，该项目减少了对保护区内天然森林的破坏，新增森林生态系统服务功能等综合货币化价值316万元。

改善社区影响

促进社区经济发展。为实现贫困地区群众与自然生物的和谐共生，改变当地“靠山吃山”、向自然过度索取的生产生活模式，国家电网通过电网改造升级，实现供电区贫困村动力电全覆盖，确保贫困村、贫困户供电质量满足生产、生活需求，改变当地居民上山砍柴的能源获取方式，避免了对生态系统的破坏。

提升社会环保意识。生物多样性保护需要社会各界共同的行动与合作。2019 年 8 月，国网雅安电力（集团）公司举办了“金熊猫”高校暑期社会责任实践活动。组织来自四川大学的师生团队，赴雅安市石棉县栗子坪国家级自然保护区以及雅安碧峰峡大熊猫基地等地开展研学调查走访，开设特色“森林课堂”，邀请雅安地理生物专家介绍雅安生态现状及重点物种分布与保护措施，激发学生们的生物多样性保护创新实践意识，并号召更多的人以正确方式加入到生物多样性保护行动中来。

在珍稀大熊猫保护方面，国家电网有限公司与雅安市大熊猫保护与观赏协会等组织开展了关于保护雅安市珍稀大熊猫志愿服务联合行动。通过参与制定保护珍稀大熊猫倡议书等资料、派出志愿者劝阻市民在水鸟产卵沿岸垂钓并发放宣传资料等形式，在全市范围内营造全民参与保护珍稀大熊猫的氛围。

除此之外，国家电网在做好电力供应本职工作、发挥自身资源优势的同时，寻求更多专业力量的支持和帮助，并配合各相关方共同加强生物多样性保护。

环保意识提升。在当地开展环保宣传活动，居民的环保意识有一定提升，能够自觉改变生活方式维护生物多样性。开展生物多样性保护创新实践，带动更多利益相关方关注大熊猫栖息地生态保护。

项目亮点

在四川雅安大熊猫栖息地电网建设项目中，国家电网有限公司不仅在电网建设全流程践行生物多样性保护理念，在项目整体实施和具体操作的各个层面融入生物多样性保护相关制度、机制和举措，同时结合社会实践和志愿服务等社会化手段，系统、全面、可持续地为国宝大熊猫守住了四川雅安这片乐土。

项目可持续性价值

以生态保护为出发点，优化各个环节，虽然可能带来企业成本提高、施工复杂等问题，但长期综合来看，项目产生的社会效益远远大于企业付出的成本。同时，电网建设全流程保护与社区影响相结合的方式，不仅保护了一时一地的野生动植物资源，同时影响了当地居民生物多样性保护理念，从而实现雅安地区长久成为大熊猫等珍稀动植物的乐园。

提升社区福祉。输变电线路的建成保障了当地供电稳定，为加强基础设施建设提供了电力基础。同时周边居民生活水平也因电力的畅通而显著提升。国网雅安电力(集团)公司在当地开展了一系列电力扶贫、产业扶贫、捐赠物资等工作，推进贫困人口就业增收，进一步带动当地社会经济增长。

野生动物保护。电网工程建设过程中未发生野生动物较大伤亡事件，也未出现明显的野生动物被驱赶出栖息地现象。

案例

共建爱鸟护线联盟
守护“候鸟生命线”

案例概述

随着全球气候变化加剧，生态环境被肆意破坏，动植物生存遇到危机，作为电网企业，深入探究环保领域所能拓展延伸的专业服务和履责行为尤为重要。自2003年起，党的十六届三中全会提出要“树立全面协调可持续的科学发展观，统筹人与自然和谐发展”，国网天津、浙江、江西、新疆电力等公司不断强化生态文明建设，探索开展护线护鸟工作，促进电网与鸟类和谐共生。2010年，《中国生物多样性保护战略与行动计划》发布，国家电网有限公司积极响应，改变原来线路改迁、防鸟护线等被动保护措施，开展引鸟筑巢、绝缘改造等护线爱鸟工作，同时开展公众宣教，多方联动凝聚社会共识和力量。2020年11月，经过充分调研和多次论证，国家电网联合多家省级电力公司，与专业生态保护组织合作，策划开展以珍稀候鸟东方白鹳为旗舰物种的输电线路沿线候鸟保护公益项目。2021年7月，国家电网有限公司通过国家电网公益基金会与生物多样性保护领域专业组织合作开展“候鸟生命线”项目，项目首年选定东方白鹳迁徙路线上8个区域为项目点，按照候鸟迁徙时间表统筹开展输电线路周边鸟类活动调研、护线爱鸟培训和联合巡护救助等工作。2022年，项目进一步扩展形成了覆盖我国东西两条主要候鸟迁徙线路沿途13个省份、14个省级电力公司的“候鸟生命线”品牌公益项目。

“候鸟生命线”项目围绕“多方联动、科学研究、技术创新、政策推动、巡护救助、公众宣教”六个维度，通过积极构建爱鸟护线联盟，促进各方资源优势互补，多方位推进以保护东方白鹳等珍稀鸟类为主的公益行动，积极发挥国家电网特大型国有重点骨干企业的责任担当，在候鸟迁徙沿途繁殖、停歇和越冬的各个站点为珍稀鸟类繁衍生息保驾护航。自2021年正式立项以来，“候鸟生命线”在14个项目点组建形成当地包括环境、教育等领域政府部门、科研机构、公益组织、志愿团队等在内的跨界联盟，其中包括设立实体护线爱鸟创新工作站1个，东方白鹳保护地2个；实地调研候鸟迁徙路径超过3000千米，形成以电网沿线鸟类保护为主题的研究报告2份，标准化联合巡护救助流程1个；研发铁塔护鸟挡板、风险点位占位器、绝缘子鸟粪防护装置、铁塔人工鸟巢等防护装置10余种；推动并参与当地政府制定出台东方白鹳保护地管理办法1项；参与或支持各地森林公安、公益组织和志愿团体开展联合巡护活动800余次，救助野生鸟类超过13000只；常态化开展员工爱鸟护线培训，并通过网络慢直播、校园社区志愿服务等活动，和国内外媒体平台以纪录片、短视频、新闻稿等方式宣传绿色发展理念，倡导社会各界积极保护生物多样性。

铁塔上的东方白鹳及幼鸟

江苏高邮东方白鹳救助放飞

典型举措

形成规范合作模式

建立常态化“鸟－线”双安全巡护机制

发挥联盟优势，定期开办交流培训，对环保志愿者、电力专业人员进行双向培养。共同建立输电线路沿线鸟类活动档案，开展鸟类集中活动区域与输电线路地理走径重叠区域的调研考察，明确出“鸟－线”敏感区域，提高现场问题的发现率、转办率和有效处置率，全面提升线路通道及周边环境的综合管理水平，有针对性地开展广泛合作，补足双方在人力资源、巡检力量方面的不足，提升协同工作的效率。

制定标准化珍稀鸟类处置流程

针对以东方白鹳为代表的有在高大架空线路杆塔上方筑巢习性的大型珍禽，发挥电力企业技术优势，联合政府部门、公益组织和志愿团体等开展专项行动，制定标准化处置流程，确保及时、高效救助珍稀鸟类。

2

设立国网安徽电力“汪湜护线爱鸟创新工作站”和山东东营、江苏高邮2个东方白鹳保护地。

大大提升国家电网全体员工生物多样性保护意识，有效促进员工积极践行绿色发展理念。

研究并形成《野生鸟类杆塔筑巢解决方案》《候鸟迁徙东线电网沿线鸟类活动情况调研报告》等研究成果，新型环氧树脂绝缘材料护鸟板等10余种科技成果，以及“候鸟生命线”联合志愿行动标准化指南。

利用线路停电机会加固人工鸟巢

珍稀鸟类受伤标准化救助流程表

序号	关键步骤	具体做法	相关方
1	**发现问题**	开展双向巡视，及时发现输电线路周边鸟类受伤情况	电力企业、爱鸟志愿者
2	**及时沟通**	发现情况者及时与鸟类专家取得联系，现场等待救援或在专家指导下实施必要的措施，避免情况恶化	电力企业、公益组织、救护中心
3	**妥善安排**	及时救助、精心喂养受伤鸟类	公益组织、救护中心
4	**后期处置**	联系相关方共同对候鸟情况进行分析，商讨放飞策略	政府机构、电力企业、公益组织、救护中心

杆塔上鸟类筑巢情况标准化处理流程

序号	关键步骤	具体做法	相关方
1	**前期发现**	开展双向巡视，及时发现输电线路上珍稀鸟类筑巢情况	电力企业、爱鸟志愿者
2	**及时沟通**	与鸟类专家取得联系，结合不同鸟类习性和鸟巢的具体位置，梳理“鸟－线”矛盾	政府机构、电力企业、公益组织、救护中心
3	**制定举措**	制定筑巢前期、中期、后期应对举措，对幼鸟孵化前后情形进行综合考虑，落实护线护鸟具体举措	政府机构、电力企业、公益组织、救护中心
4	**定期观察**	定期对存在珍稀鸟类筑巢的杆塔进行特殊巡视，观察巢中成鸟、幼鸟状态	电力企业、爱鸟志愿者
5	**后期处置**	幼鸟成熟后期，结合实际情况，护航珍稀鸟类离巢，对废弃鸟巢及时处置	政府机构、电力企业、公益组织、救护中心

探索特色保护手段

加强防护型技术措施研究

针对性开展具有属地特色的“生态友好型”的架空输电线路保护设施研究及应用，结合特定季节、鸟类和特殊位置创新设计、定点试验、精准防治，差异化应对鸟类在杆塔筑巢的情况，避免输电设备因鸟类活动、排便造成电网事故及鸟类触电死亡事故。

拓展鸟类生存环境保护手段

深入了解鸟类觅食、排便、育雏、栖息等行为特点，结合线路周边延伸区域开展考察与评估，研制针对性湿地治理、环境保护、高大树木保护、人工招引等措施手段，为珍稀鸟类打造远离线路杆塔的更好栖息环境，从源头治理鸟类栖息杆塔引发的问题，从根本上减少“鸟－线”矛盾。

打造全民环保意识

积极参与，协助政府完善治理
积极联合政府相关部门建立珍稀鸟类保护地和教育基地，携手打造全社会生物多样性保护示范典范。并推动和协助政府出台珍稀鸟类保护地管理办法，推动民间珍稀物种保护地纳入行政管理体系，以政策和制度为迁徙候鸟保驾护航。

广泛宣传，提高社会环保意识
成立志愿服务队，积极举办各类公益主题活动，联合各方，共同宣传珍稀鸟类保护理念，提升社会居民环保意识，畅通居民参与鸟类保护渠道，吸纳更多的社会居民参与到生态环保和生物多样性保护的行动中。

多形式多渠道，扩大公益品牌影响
以东方白鹳保护为主题，策划制作纪录片、短视频、宣传册等，并通过各类媒体平台和线上线下活动，以国家电网全体员工积极保护珍稀鸟类的生动故事，引导社会公众了解鸟类，倡导社会各界积极参与生物多样性保护，促进人与自然和谐共生。

项目亮点

珍稀动物的保护与发展一直是全球热门关注点之一，也是生态可持续发展的重点之一。国家电网有限公司充分发挥电网企业资源和优势创立独特的爱鸟护线双赢手段，同时还强调“生态一体”的理念，将保护行为与意识传播至利益相关方，建立一个完善的、具有长久意义的生态维护机制。

项目可持续性价值

近年来，鸟类的生存栖息与电网的安全生产运行之间的关系正变得越来越紧密，随着鸟类种群数量不断增多和活动范围不断扩大，鸟类活动与电网之间的矛盾也逐渐凸显。输电线路涉鸟故障（包括鸟粪类、鸟巢类、鸟体短接类和鸟啄类）的逐年攀升，对电网安全、稳定地运行带来越来越大的危害，也给人类的生产生活带来日趋严重的威胁。国家电网有限公司从企业自身特色出发，积极履行生物多样性保护责任并向外延伸，积极联合社会各界从企业员工日常工作、志愿服务活动和公益慈善项目多方面协同行动，多角度同时发力，系统性打造“候鸟生命线”品牌公益项目，形成鸟类保护和电网发展兼顾的良好局面，持续推进人鸟和谐共生。

13000

直接参与或资助公益组织及志愿团体救助野生鸟类超过13000只。

推动并参与高邮市政府出台全国首个东方白鹳保护地管理办法：《关于加强“东方白鹳保护地·高邮”建设管理的办法》。

项目相关举措多次被新华社、人民日报、中央电视台等中央媒体，及其他海内外权威媒体报道。

案例

"电沙成金"
打造沙漠能源生态圈

案例概述

国网甘肃电力创新推动光伏治沙规模化发展，从维护生态平衡、应对气候变化、提升区域经济水平三重角度出发，实施"电沙成金"项目，建设光伏治沙新能源发电基地，同时带动防沙漠化、耐旱作物种植、观光旅游等相关产业发展，形成沙漠治理、生态修复、生态经济、沙漠产业多位一体、多方受益、治用并行、平衡发展的体系。

甘肃省武威市古浪县山、川、沙各占三分之一，北部可利用沙漠面积约 247 万亩，是全国最具开发潜力的新能源基地之一，开展光伏治沙，既能推动光伏产业发展，又能推动沙漠生态环境治理。国网甘肃电力指导国网武威供电公司充分发挥行业优势，以电为"媒"，以"倡导者"的角色积极融入光伏治沙行动，并协同联动社会各方签署合作协议，成立志愿服务联盟，通过政府、企业、农户等多方参与配合，实施"电沙成金"项目，共同推行"板上发电、板下种植、板间养殖、厂周种树"四位一体光伏治沙模式。在志愿服务联盟的辐射带动效应下，动员社会各界积极倡导并加入光伏治沙行动，为古浪县生态价值转型奠定基础，也为沙漠能源生态圈构建及乡村振兴做出贡献。

古浪沙漠光伏基地

典型举措

顶层规划，创新设计光伏治沙实施模式

组建志愿服务联盟

由古浪县发展和改革局作为推动者，国网武威供电公司作为倡导者，光伏企业作为实施者，先行发起成立光伏治沙志愿服务联盟，积极推动光伏治沙模式落地。并逐步引入县政府其他相关部门、企事业单位、村镇农户等利益相关方，扩大联盟"朋友圈"，为光伏治沙事业提供源源不断的动力。

设计四位一体落地模式

创新实施"板上发电、板下种植、板间养殖、厂周种树"的四位一体光伏治沙落地模式，将新能源、生态环境、林畜产业、乡村振兴等要素深度融合，构建沙漠能源生态圈。

明确相关方职责定位

围绕四位一体落地模式，分阶段明确利益相关方职责。

板上发电，确定试点建立电网绿色通道

确定试点项目

经多次、多方协同调研勘察和研究论证，确定古浪县30万千瓦光伏治沙产业化示范项目，并明确各方责权利。

建立绿色通道

电网企业建立光伏治沙项目电网绿色通道，组建专项服务小组，主动对接政府部门和光伏企业，建立服务重大项目的“一口对外、一次办理”工作机制。同时，在光伏并网消纳过程中，将为项目提供翔实可靠的数据分析支撑，提高光伏发电利用率和光伏电厂效益。

1

采用牧光互补模式养殖“光伏羊”“光伏鸡”，带动沙区现代农业产业链增收1亿元以上，着力打造光伏治沙样板工程，实现社会效益、生态效益、经济效益共赢的目标。

板下种植，推动生态和经济效益双提升

确定种植方案

邀请林业局专家和外部治沙专家，共同召开项目研讨会议，深入探讨板下种植技术、种植品种和种植方法，初步确定在板下和板间混合种植花棒、柠条等沙生植物。光伏企业则落实光伏组件以最佳倾斜角安装在固定支架上，成为植物的遮阴装置。

完善分配模式

政府提供防沙治沙资金、群众投工投劳相关政策支持，汇聚社会各方资源和力量。光伏企业组织农户实施板下种植，支付养护报酬，及时反馈种植养护情况。电网专项工作小组定期跟进试点项目的落地情况，确保“板下种植”模式取得进展和成功。既满足农业生产的需要，又实现光电转换，达到生态、农业与能源效益的双赢局面。

板间养殖，产业融合协同助力乡村振兴

确定养殖模式

政府提供乡村振兴资金和村镇农户承包养殖的政策支持，光伏企业与当地村镇合作，在光伏发电板之间养殖“光伏羊”“光伏鸡”，形成联合养殖的运营模式、销售模式和利益分配模式。在科学控制养殖数量下，既增加植物和沙地的肥力，又避免动物过度食用草木而造成植被破坏，同时还带动周边农牧民增收致富。

打通销售路径

电网企业与政府一道辅助农户搭建“光伏羊”“光伏鸡”等农产品销售渠道，带动一批农产品销售加工企业加入光伏治沙志愿服务联盟，并与村镇农户建立合作关系，保障“光伏鸡”“光伏羊”销路畅通，促进乡村振兴，支撑政府做大全省第一养羊大县。

厂周种树，打造可持续发展能源生态圈

确定种树模式

由政府联合林业局和外部治沙专家，确定种植树木品种。在光伏电站周边种植梭梭木、沙棘、花棒等沙生植物，其根系生长快，吸水抗旱能力极强，利于抵挡沙尘。政府提供政策支持，公益林挂牌，开展公益治沙活动，改善生态，推动旅游观光产业发展。光伏企业参与公益植树志愿服务活动，并开展公益林养护，实现林光互补，打造互利共赢的光伏治沙能源生态圈。

常态落地实施

电网企业与政府部门联合建立“治沙林草种质资源库”，对适应沙漠的植物品种进行保护、引种、推荐、开发，提升植被存活率，巩固治沙成果。电网倡导建立公益植树志愿服务队伍，开展常态的公益植树活动，挂牌国网公益林，倡导旅游观光产业发展，带动沙区产业链的延伸与升级，为光伏治沙和乡村振兴贡献国网力量，最终构建可持续发展的绿色生态圈。

“光伏羊”养殖试点

项目亮点

以“光伏 +”的新型产业化模式，在兼顾生态治理的同时，将当地地理资源优势转化为高质量发展新动能，创设生态、经济效应双赢局面。电站的外围沙生植物组成防护林体系阻断日益严峻的气候变化与沙漠化侵蚀；光伏板下与板间种植经济作物与畜牧养殖，带动周围领域经济发展；板上高效利用可再生资源丰富的优势，提供强劲可靠的能源供应，以一个完整健康的生态闭环造福各利益相关方，实现沙漠地带特有的可持续发展价值。

项目可持续性价值

光伏治沙是一项以维护生态平衡与提升区域经济水平为核心价值的系统工程，在满足各利益相关方需求与期望的同时将新能源发电和环境保护手段再次创新。项目分三个阶段逐步实现可持续价值。

第一阶段：2022 年年底建成志愿者服务联盟，初步实现“板上发电、板下种植”。
第二阶段：2023 年年底基本实现“板上发电、板下种植、板间养殖”，并扩大志愿者服务联盟“朋友圈”。
第三阶段：2024 年年底全面实现“板上发电、板下种植、板间养殖、厂周种树”，建成光伏治沙能源生态圈。

5

第一批光伏治沙示范项目建成后，年发电量约5亿千瓦时。

1.5

年发电收益1.5亿元。

160694.11

每年可节约标准煤160694.11吨。

1.5

二氧化硫减排1.5万吨。

0.7

氮氧化物减排0.7万吨。

50

二氧化碳减排50万吨。

2.87

年节约值为2.87亿元。

1

通过在板间和板下种植各类沙生植物，以及建设防风林带，治沙面积达到1万多亩。

04

积极稳妥推进
碳达峰碳中和

对接服务“双碳”目标
64
服务新能源发展
66
全力应对极端气候
68
参与应对气候变化全球治理
70

国家电网在推动能源转型、积极参与应对气候变化全球治理中发挥着重要作用，是能源清洁低碳转型的推动者、引领者、先行者。全面推进碳达峰碳中和，发布“双碳”行动方案；提升电网平衡调节能力，服务清洁能源高质量发展与消纳；全力应对极端气候自然灾害，建立应急保供机制；积极推动共建公平合理、合作共赢的全球气候治理体系，为应对气候变化贡献中国智慧、中国力量。

对接服务“双碳”目标

加快建设能源互联网，加大清洁能源消纳力度，促进能源生产清洁化、能源消费电气化、能源利用高效化，推动形成绿色生产生活方式，为保障国家能源安全、建设美丽中国作出积极贡献。

在推进“双碳”中确保电力安全可靠供应

做好电源并网服务和科学调度，推动支撑保障电源尽早投运，确保各类电源能并尽并、增发稳供。充分发挥大电网优化资源配置的平台作用，优化电网调度和电力交易，最大限度保障电力电量平衡。配合政府强化电力需求侧管理，引导用户合理错峰避峰，保障电力供应平稳有序。

推动电网发展与各地区各行业减排降碳高效协同

根据各省各地发展阶段、能源资源禀赋及“双碳”进程，科学做好电网规划建设。支持产业优化升级，推动引导全社会节能减排。稳妥有序实施电能替代，鼓励节约用电、高效用电、用绿色电。加快建设一批综合能源服务项目，示范推动综合能源服务产业发展。强化“电力看经济”“电力看环保”等服务，助力国家坚决遏制高耗能、高排放、低水平项目盲目发展。

大力推进新能源供给消纳体系建设

持续优化电网发展布局，加大特高压和配套电网建设力度，大力推进新能源供给消纳体系建设。全力服务好沙漠戈壁荒漠大型风电光伏基地建设，为各类清洁能源发展提供坚强网架支撑。大力加强技术成熟的抽水蓄能电站建设，积极支持新型储能规模化应用。大力开展重大技术攻关，强化基础研究和前沿技术布局。

深化电力市场化改革

积极研究推动电—碳两个市场协同运行、融合发展，充分发挥市场在优化电力资源配置中的作用。扎实做好代理购电、信息公开等工作，保障居民、农业用电需求和价格稳定。总结吸取国外电力市场化改革正反两个方面的经验，巩固和发挥我国体制优势。服务国家建立健全与“双碳”进程相适应的体制机制和政策环境。

企业运营过程回收六氟化硫气体
单位：吨
162.2
220.6
410.8
2019
2020
2021
相当于减排二氧化碳
单位：万吨
387.7
527.2
981.8
2019
2020
2021

服务新能源发展

把促进新能源和清洁能源发展放在更加突出的位置，更好服务水电、风电、太阳能发电等可再生能源发展，推动能源结构从以化石能源为主向以清洁能源为主转变。高度重视提高新能源利用率，深化新能源领域交流合作，落实可再生能源电力消纳保障机制。

发挥电网平台功能，增强资源配置能力

积极建设配套电网工程，具备并网条件新能源项目“能并尽并”。建成投运陕北—湖北、南昌—长沙等重点工程，持续提升跨区跨省输电能力。

加快抽蓄电站建设，提升系统调节能力

发布加快抽水蓄能开发建设6项举措，投运河北丰宁等5座抽水蓄能电站，公司经营区在运抽水蓄能电站26座、2631万千瓦，在建36座、4813万千瓦，全年完成抽发电量644亿千瓦时，同比增长19%。

加强统一调度，保供应促消纳

发挥大电网优势，统筹安排运行方式，实施省间互济和备用共享，促进新能源“多发满发”。统筹各类发电资源，持续提升新能源功率预测精度，保障电力安全可靠供应。扩大市场交易规模，拓展消纳空间。积极开展风光水火打捆外送、发电权、新能源优先替代等多种交易，2021年新能源省间交易电量1300亿千瓦时、增长41.5%。创新开展绿色电力交易，18个省份累计达成交易电量76.4亿千瓦时。

建成新能源云平台，提供便捷服务

建成全球最大规模的新能源云平台，为用户提供新能源并网、补贴申报等一站式全流程线上服务，累计接入新能源场站267万座，服务上下游企业超过1万家。

建设具有中国特色国际领先的新能源云——新能源数字经济平台

2021 年，公司聚焦市场化、透明度、高效率，建成投运国网新能源云（新能源数字经济平台），累计接入风光场站 267 万座。涵盖从资源到规划、接网到消纳、补贴申报到审核、监测到运维、政策技术到碳中和服务等全流程，构建“横向协同、纵向贯通”“全环节、全贯通、全覆盖、全生态、全场景”服务体系。对内全流程贯通新能源业务办理环节，对外为政府部门、电源用户、社会大众提供多种服务，推动构建智慧能源体系，打造新能源生态圈，促进产业链上下游共同发展。

消纳清洁能源减排量

单位：万吨

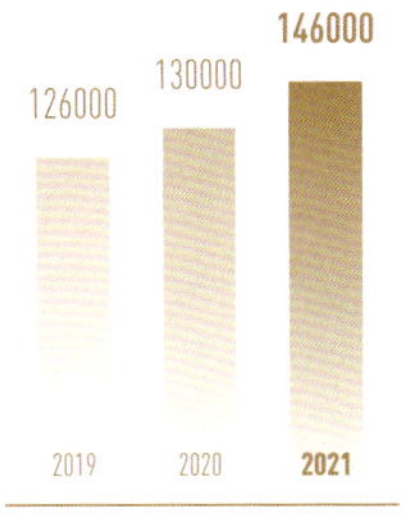

特高压跨区跨省输送电量

单位：亿千瓦时

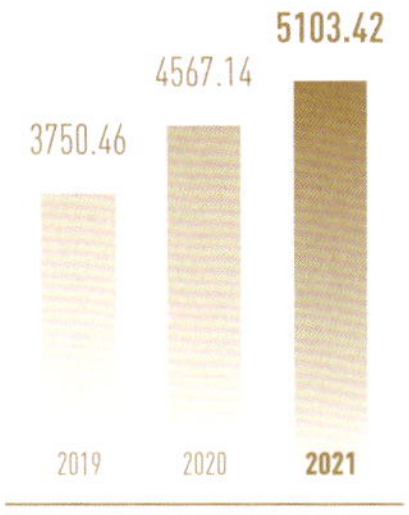

清洁能源机组并网容量

单位：万千瓦

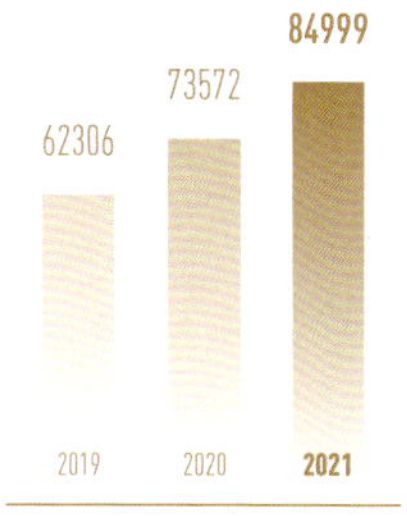

清洁能源机组上网电量

单位：亿千瓦时

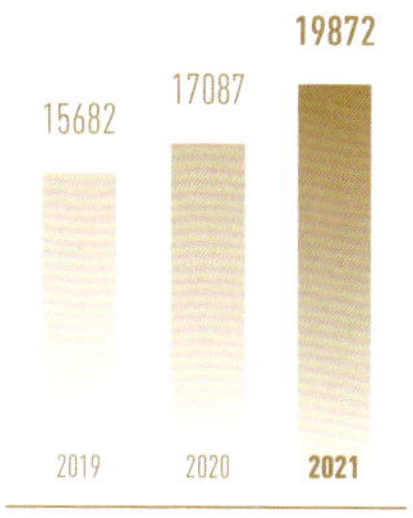

2021 年

8700

新增风电、太阳能发电并网装机 **8700** 万千瓦

5.36

累计达到 **5.36** 亿千瓦

97%

利用率 **97%** 以上

1570

发电权交易电量 **1570** 亿千瓦时

5.4

新能源累计装机容量达到 **5.4** 亿千瓦

8700

新能源新增装机容量超过 **8700** 万千瓦

97.4%

新能源利用率 **97.4%**

12.8%

新能源发电量占比达到 **12.8%**

2451

新能源市场化交易电量 **2451** 亿千瓦时

全力应对极端气候

强化底线思维，科学抢险避险，完善应急预案，强化队伍、装备、物资应急准备，持续提升电网快速响应和处置能力，有力应对突发灾害、极端天气等风险挑战，全力以赴保障电力安全可靠供应。

构建坚强可靠的电网

适应气候变化，根据城市地域与气候特征，构建能够有效抵抗灾害性气候的坚强电网。在特殊天气来临时，合理安排电网运行方式，加强负荷预测及电力、电量平衡，提高系统安全裕度和供电可靠性。

提高风险预警和应急处置能力

综合考虑应对平时、极端等多种情景，持续完善应急体系，建成新一代应急指挥系统。加强应急预案体系建设，强化队伍、装备、物资应急准备，持续提升快速响应和处置能力。

抢险救灾筑牢“光明防线”

积极应对河南特大暴雨、东北雨雪冰冻以及台风“烟花”“卢碧”等极端气候灾害，统筹协调救灾力量，全力开展应急供电、设施抢修工作，快速恢复受损电力设施，有力应对灾害频发、供电紧张等一系列风险挑战，全面打赢了抢险救灾等一系列重大战役，赢得各方广泛赞誉。

国网澳洲资产公司出色完成输电资产重大自然灾害后的重建工作，获得爱迪生电气协会颁发的 2020 年度“紧急恢复奖”。

2021 年，抢险救灾筑牢“光明防线”，累计投入抢修人员 **26.6** 万人次应对自然灾害。

科技创新“防雷害于未然”

传统的电网防雷手段是在设备上安装避雷器等装置，随着城市用电负荷持续增加，传统模式会占用大量土地资源，给城市可持续发展带来巨大挑战。公司员工童充牵头研发设计全球首套地区级“智能电网动态防雷系统”，通过研制高精度雷电探测装置，搭建智能化防雷系统，预测雷电并超前预警，最大化降低雷电危害。项目在“联合国全球契约青年 SDG 创新者项目暨首届中国青年 SDG 创新挑战赛”上荣获“金奖”，在 2021 年“金钥匙——面向 SDG 的中国行动”中斩获“金钥匙：冠军奖”。2022 年 6 月 1—2 日，在联合国全球契约领导人峰会上，童充获评“2022 年联合国可持续发展目标全球先锋”，向世界展示中国青年以 SDG 为导向的商业创新思维和责任担当。

参与应对气候变化全球治理

全面深入参与可持续能源领域的双、多边合作，积极参与联合国、国际能源论坛、国际能源署、国际可再生能源署等多边机构和组织的工作，促进清洁能源的技术发展，推动构建公平合理、合作共赢的全球气候治理体系。

坚持标准引领，加快中国标准“走出去”，不断加快科技成果转化步伐，提升标准国际化水平，促进产能升级和国际竞争力提升。

主导制定国际标准

代表中国企业参与 B20 政策建议报告撰写，坚持共同但有区别的责任原则，在推动全球能力治理合作的同时维护了国家利益。举办世界级能源论坛，共商应对气候变化挑战之策，共谋全球能源电力绿色发展之路，共同推动构建人类命运共同体，共创可持续发展的美好未来。

参与全球能源治理

境外重点项目顺利推进

巴西美丽山特高压输电一期、二期特许权项目保持安全稳定运行，满足里约热内卢、圣保罗等核心区域 2200 万人口供电需求；巴基斯坦国家骨干电网默拉直流输电项目 2021 年提前高质量建成投运。

主导发起 IEC 首个可再生能源功率预测领域国际标准

2020年12月1日，由公司主导发起的IEC首个可再生能源功率预测领域国际标准《可再生能源发电功率预测》（IEC TR63043）正式发布。标准通过对比分析全球范围内不同国家的风力发电或光伏发电功率预测技术，提炼出面向不同时空尺度、预测对象的技术路线和方法，主要包括功率预测的概念、方法，数值天气预报要求，预测误差评估及不确定性分析等内容，填补了IEC在该领域的空白。

与国际可再生能源署共同举办 2021 能源电力转型国际论坛，贯彻习总书记关于碳达峰、碳中和重要论述精神，落实党中央关于构建新型电力系统的决策部署，是近年来全球能源电力领域规格最高、规模最大、影响力最强的国际盛会。

参加由新加坡能源市场管理局和国际能源署联合主办的第二届全球可再生能源部长级会议，围绕“加速可再生能源技术和基础设施投资”发表主旨演讲。

2200 **340** **1200** **3400**

在巴西采用特高压技术建设了两条“电力高速公路”，成功将亚马孙流域的清洁水电送到 2000 千米外的里约热内卢、圣保罗等负荷中心，满足里约热内卢、圣保罗等核心区域 **2200** 万人口供电需求，2021 年输送清洁水电电量约 **340** 亿千瓦时，相当于节省 **1200** 万吨标准煤，减少碳排放 **3400** 万吨，成为践行“一带一路”绿色发展理念的典范。

350 **930**

默蒂亚里—拉合尔 ±660 千伏直流输电工程正式投入商业运营，将巴基斯坦南部的能源送至中部的负荷中心，年输电能力最高可达 **350** 亿千瓦时，为当地 **930** 万户家庭提供稳定、优质的电能。

10 **390**

累计建成 **10** 条跨国输电线路，累计交易电量超过 **390** 亿千瓦时，在助力减少国内电力缺口方面发挥了很好作用。积极参与境外岛屿互联项目，推动菲律宾维萨亚—棉兰老联网项目按计划实施，落实与希腊国家电网公司、葡萄牙国家能源网公司签署的合作框架协议。

案例

大陈岛两大示范工程 助力建设绿色发展碳中和示范岛

案例概述

党的二十大报告指出：积极稳妥推进碳达峰碳中和，立足我国能源资源禀赋，坚持先立后破，有计划分步骤实施碳达峰行动，深入推进能源革命，加强煤炭清洁高效利用，加快规划建设新型能源体系，积极参与应对气候变化全球治理。为电力技术革新指明了方向。在“垦荒精神”的发源地——浙江省台州市大陈岛，国网浙江电力因地制宜，建设“零碳海岛”，开启了大陈岛绿色发展的新征程。大陈岛隶属于台州市椒江区大陈镇，位于椒江区东南 52 千米的东海海上，是国家一级渔港、省级森林公园和省海钓基地，岛周海域是浙江省第三大渔场。大陈岛年有效风速时数达 7000 小时，是全国风能最富集地区之一，岛上建有 34 台风力发电机，2021 年发电量超 6000 万千瓦时，但供应全岛用电只需五分之一不到——风能过剩，也给储用、输送带来巨大挑战。

2021 年年底，大陈岛入选了浙江省首批低（零）碳试点乡镇（街道）。基于大陈岛丰富的风能，国网浙江电力先后建成了两个“首创”工程，全力打造碳中和示范岛。柔性低频输电示范工程建成后，不仅提高了大陈岛的供电可靠性，还为中国中远洋丰富的风能经海缆低频反送大陆成功“探路”。“绿氢”项目建成后，就地消纳部分过剩风能，进一步释放大陈岛清洁能源的潜力，得到人民日报、新华社、央视等媒体的关注及报道，中国外交部新闻发言人赵立坚在海外社交媒体 Twitter（推特）上发文，并配发新华社“全球连线”的英文视频报道，向世界各国网友推介该项工程。

台州 35 千伏柔性低频输电示范工程启动海缆敷设工作

典型举措

建成投运世界首个柔性低频输电示范工程

6 月 16 日，世界首个柔性低频输电示范工程——国家电网浙江台州 35 千伏柔性低频输电示范工程投运。与常见的输电方式相比，低频交流输电可以通过降低输电频率，有效提高线路输送能力、增大传输距离，同时能够大幅度降低设备投资和运维费用。之前，大陈岛主要依靠一条海底电缆连接浙江电网。一旦遭遇强台风或是线路故障，电能保供和传输将面临困难。总投资 2.3 亿元的柔性低频输电项目，新建一套强大的“陆地－海岛－风电互联系统”，不仅改变了大陈岛原先由单条海缆供电的情况，大幅提高了大陈岛的用电可靠性，还让电能输送更稳、更远、更可靠，为中国中远洋丰富的风能经海缆低频反送大陆“探路”。

450

浙江台州35千伏柔性低频输电示范工程投运后，预计年可输送电量450万千瓦时，相当于约2000户家庭一年的用电量。

1800

每年可节约标准煤1800吨。

4480

减少二氧化碳排放4480吨。

建成投运全国首个海岛“绿氢”示范工程

大陈岛氢能综合利用示范工程是全国首个海岛“绿氢”综合能源示范项目，通过构建基于百分百新能源发电的制氢－储氢－燃料电池热电联供系统，实现清洁能源百分百消纳与全过程零碳供能。也就是说，“绿氢”综合能源示范工程就像一个“大型充电宝”，利用富余风力通过电解水制氢，在负荷高峰时再用氢发电。

“绿氢”利用可再生能源分解水得到的氢气，从源头上实现了二氧化碳零排放。这其中，制氢系统最为重要，是整个过程实现的关键。大陈岛采用的质子交换膜电解水制氢技术先进，具有更好安全性、更高产氢纯度、压力调节裕度大、响应性好等优点。此外，旅游业和水产养殖业是大陈岛两大支柱产业。“绿氢”通过燃料电池系统供电、供热，可应用于大陈岛的民宿、酒店等，而制氢过程中产生的氧气可提供给黄鱼养殖户，助力大陈岛水产养殖业发展。通过“绿氢”项目，我们看到一个因“绿氢”实现绿色发展、绿色跃升的新大陈岛。

全国首个海岛“绿氢”综合能源示范工程正式投运

项目亮点

大陈岛实施的柔性低频输电工程的投运为新能源的输送和消纳积累了经验，在保障能源安全供应的同时，推动能源绿色低碳转型，助力高质量实现“双碳”目标。而“绿氢”综合能源示范项目落地大陈岛，有助于促进可再生能源就地消纳，优化海岛电网潮流，同时让海岛供电安全性和可靠性得到显著提升，还能有效解决海岛供能短缺问题，带动产业发展。这两大项目都具有先进性和示范性，为建设能源互联网形态下多元融合高弹性电网贡献了大陈岛范本。

项目可持续性价值

接下来，大陈岛将围绕打造碳中和示范岛目标，进一步开发风能、氢能、潮汐能等清洁能源，构建绿色低碳能源体系；加强海岛生态屏障带及海洋牧场建设，投放各类人工鱼礁，集中处置海洋垃圾，持续修复海洋牧场，提高海洋碳汇能力；建设浙江省首批林业碳汇先行基地；构建海洋陆地纯电交通体系……风从海上来，如今的东海明珠大陈岛正在用自己的独有的资源和禀赋反哺大陆，一张绿色发展的壮美画卷正在展开，未来可期。

36.5

“绿氢”综合能源示范工程投运后，预计每年可消纳岛上富余风电36.5万千瓦时。

7.3

产出氢气7.3万标方。

10

这些氢气可发电约10万千瓦时。

73

减少二氧化碳排放73吨。

案例

开山岛智能微电网
打造海岛绿色低碳能源应用典范

案例概述

多数海岛及其周围拥有丰富的风、光等自然资源，通过清洁能源的开发利用，构建海岛微电网，对保护海洋环境、促进节能减排具有重大战略意义。江苏省开山岛地处我国黄海前哨，扼守苏北沿海，面积仅 0.013 平方千米，但战略位置十分重要。“时代楷模”王继才、王仕花夫妇从 1986 年上岛起，担负起守备海防前哨、守护渔民安全、守卫祖国领土的光荣任务，一守就是 32 年。2018 年 8 月，习近平总书记作出了要大力倡导王继才同志守岛卫国 32 年爱国奉献精神的重要批示。

作为王继才守岛精神的直接见证者和传承者，国网江苏电力与守岛英雄渊源深厚，从 2012 年起就开始着手解决开山岛的用电难题，并向守岛英雄作出了永葆岛上光明的庄严承诺。

2015 年，国网江苏电力决定在岛上建设小型的风光储一体化发电项目。两个月后项目建成，两米高的风力发电机日均发电 4 千瓦时、太阳能电池板日均发电 14 千瓦时，同时还配备了 16 组蓄电池，可利用储能容量 19 千瓦时，开山岛第一次用上了稳定的电。

2018 年年底由国网江苏电力为开山岛“量身定制”的智能微电网项目启动。2019 年 6 月，智能海岛微电网及海水淡化工程正式投运，30 千瓦风力发电、110 千瓦光伏发电、660 千瓦时储能及 50 千瓦备用柴油发电机，每年可提供 15 万千瓦时电能、3650 吨淡水，让开山岛用电用水迈入了“2.0 时代”。开山岛智能微电网项目以绿色低碳的方式有效解决了开山岛用电用水难题，也为国内同类岛屿的用能需求提供了解决方案和实践样本。

运维人员检修风力发电机叶片

施工人员正在安装屋顶光伏发电板

开山岛风机及海水淡化系统

典型举措

能源协同互补供电

在电源侧，开山岛智能微电网采用多种能源协同互补的供电方式，结合开山岛及周边自然环境，电源侧共建设有 110 千瓦光伏、30 千瓦风力发电机和 30 千瓦备用柴油发电机，采用“以光为主，以风为辅”的设计方案，在光照良好天气环境下，以光伏发电作为主要电源，在阴雨天气以风力发电作为辅助，在极端情况下，柴油发电机作为紧急备用。

在光伏和风力发电机建设过程中，国网江苏电力充分考虑与海岛环境融合，按照“修旧如旧”原则，通过对开山岛所有营房进行翻修加固，在屋顶安装完成 327 块低角度倾斜的光伏发电板，既保证了发电效率，也保持了开山岛原来的整体景观。由于开山岛地形复杂，整座岛屿以岩石为主，建设人员克服现场空间狭小、重型机械匮乏等困难，在恶劣的施工条件下浇筑 500 余吨重风力发电机混凝土基础，成功竖立功率为 30 千瓦的风力发电机组，成为光伏发电外的有效补充。

400

开山岛智能微电网及海水淡化工程建成后，110千瓦光伏机组、30千瓦风电机组日均发电量约400千瓦时，可完全满足全岛正常用电需求，台风、暴雨等极端情况下，660千瓦时储能设备和30千瓦备用柴油发电机，也可保障全岛一周左右的正常用电。同时，岛上的海水淡化设备日产水量近10吨，能够满足岛上各类用水需求。

多措并举提升消纳

在负荷侧，开山岛目前最大用电负荷约 40 千瓦，包括海水淡化、通信基站、空调照明等用电设备，但负荷特性各异。其中，通信基站负荷 24 小时用电，空调和照明负荷随季节和驻岛人员的增减变化明显。为此，为了促进晴好天气条件下岛上的风光新能源消纳，公司将海水淡化作为调节负荷、削峰填谷的重要手段，在发电量充足的时候，利用多余电能将海水淡化后储存，减少阴雨、无风天气条件下的电能消耗，也有效提升了岛上风光新能源的消纳水平。

解决用电难的问题后，国网江苏电力为开山岛量身定制了“全电厨房”改造方案，将原来的煤气灶替换为功率 7 千瓦的双头电磁灶。相比传统燃气灶具，电磁灶无明火、易控温、油烟少，加热效率要高出 30% 以上，能量损耗降低 70%。由于有了充足的电能，开山岛所有生产生活设施实现了 100% 电气化，成为江苏省首个“零碳”岛屿。

高效组网减少成本

在电网侧，开山岛智能微电网采用交直流组网方式，风、光、储接入直流 750 伏母线，减少电能变换环节和系统控制复杂性，柴油发电机和负荷接入交流 380 伏母线，交直流母线间采用两路逆变，一主一备无缝冗余控制，实现微电网系统高效率高可靠运行。

同时，充分发挥电网数字化发展优势，在微电网系统布局安装风速、风向、光照等传感设备，在岛上建设电力无线专网，实时感知微电网运行信息、地理气象信息和生产管理信息等。通过专网通信设备，将微电网信息通过专网微波通道传输至陆地，并经附近变电站接入电力通信骨干网，从而实现在电网调度系统中实时监控微电网运行状态，指导驻岛人员远程监测运维和故障分析研判，极大减少运行维护成本，提升微电网使用寿命。

运维人员在检修风力发电机

两路储能可靠供电

在储能侧，开山岛智能微电网采用两路储能配置，均为 300 千瓦 /600 千瓦时的铅碳储能电池组，分别采用恒压模式和恒功率模式，在其中一路出现故障的情况下，不影响整套系统的正常运行，能够有效保障风光发电效率低下时，全岛微电网可靠运行和正常供电。

开山岛全电厨房

项目亮点

国网江苏电力以光伏发电、风电等多种绿色能源为基础，构建开山岛多个用能模块互联互补的交直流混合微电网，利用能源管理系统精确协调控制发电、储能、用电工况，灵活调配各用电设备的连接方式，利用能源管理系统实现了开山岛上30千瓦风力发电机、110千瓦光伏、30千瓦柴油发电机及660千瓦时储能的“源-网-荷-储”协调控制和经济运行，让岛上居民从“用上电”到“用好电”。

项目可持续性价值

在国家电网人20多年的接力守护下，如今的开山岛有了翻天覆地的变化，有了充足的电和水，守岛民兵可以吃上可口的饭菜；508米的巡岛路装上了32盏太阳能路灯，让守岛民兵不再摸黑巡逻；电力北斗地面基站不仅可以为开山岛及周边海域提供精准定位、精准授时，还可大大提高智能微电网安全稳定运行水平。开山岛已然成为海岛绿色低碳能源应用的一个典范，为未来的海岛能源供应规划、建设、运行等技术都提供了可复制、可推广的示范参考。

27.5

截至2022年10月27日，开山岛智能微电网已为开山岛提供27.5万千瓦时绿色电能。

1227

实现了岛上连续1227天清洁绿色、安全可靠用电。

案例

雄安新区分布式光伏项目探索智慧绿色综合能源实践

案例概述

构建清洁低碳安全高效的能源体系，大力发展光伏、风电等新能源产业，是应对全球气候变化，实现能源转型升级，建设绿水青山美丽中国的必经之路。雄安高铁站屋顶光伏发电项目是国内首个大范围、全覆盖、市场化的高铁光伏项目，完美融合了智慧交通、智能建筑、智慧能源等先进技术理念。在设计上对标国际一流水平，采用建筑一体化理念，利用三维数字建筑模型（BIM）技术，确定组件安装角度，在确保组件发电效率的同时，满足了雄安站“青莲滴露”的设计寓意；在施工上对标行业领先，创新组件安装方式，克服屋顶曲面弧度大、施工难、工期紧等系列难题，实现光伏组件与站房建筑的有机融合。项目布置在屋顶两侧屋面，铺设面积约 4.2 万平方米，总装机容量 6 兆瓦。

项目于 2020 年 12 月 25 日正式并网发电，年均发电 960 小时、580 万千瓦时，每年减少碳排放量 4500 吨，相当于植树 12 公顷。累计发电量超过 1000 万千瓦时，实现了自发自用、余电上网，以绿色电力赋能雄安高铁站清洁低碳运行。该项目是国家电网有限公司在雄安新区承建的首个大型分布式光伏发电项目，其衍生的光伏降碳产品、碳交易产品等绿色成果已参与市场交易。此外，屋顶光伏发电项目还入选了 2021 年生态环境部绿色低碳典型案例集，具有典型标杆、示范引领作用。

典型举措

项目践行国家电网有限公司“建设具有中国特色国际领先的能源互联网企业”战略和雄安新区“生态优先、绿色发展”的城市建设理念，聚焦绿色、智能、创新，打造京雄城际铁路低碳综合能源示范项目，为雄安智慧交通、绿色供能提供解决方案。

技术路线

项目共采用 17808 块多晶硅电池组件，24 台组串式逆变器，4 台升压变压器，1 座 10 千伏汇集站，7 面 GIS 开关柜，1 兆乏动态无功补偿装置。采用的多晶硅光伏发电组件具有组件故障率极低、自身免维护等特性。太阳能经光伏组件转化为 1500 伏直流电，由组串式逆变器汇集并逆变为 800 伏交流电，升压变压器升压后输送至 10 千伏汇集站，最后由 10 千伏明珠光伏线路接入雄安高铁站配电所母线。

智慧运维

融合三维数字建筑模型（BIM）、物联网、大数据、人工智能等技术，打造光伏电站智慧管控大脑——光伏 CIEMS 可视化系统，提升高铁能源供应品质，降低能源消耗，提升可持续发展水平。一方面，依托实时能源监测数据的采集，实现能源运行状态的全景展示，包含对管理区域内的分布式能源系统的可视化监测、设备监测、运行监测、能耗监测、用能监测等多个维度，支持对关键设备运行状态进行实时监测、开关控制和故障预警，提高劳动生产率，完善电网对高铁站的电

雄安站房屋面分布式光伏发电项目

能质量管理，提高柔性负荷控制手段，促进需求侧负荷响应的提升，为高铁电网的安全稳定运行提供一定支撑。另一方面，通过 CIEMS 系统完成能源供给侧到能源消费侧的统一调度，按照经济最优、绿色最优、综合最优原则，对多能互补综合能源系统，提供智慧化控制策略，具备机组级和元件级控制能力，实现纵向“源－网－荷－储”的精确生产调控。同时，通过互联网加深高铁用户交互，有效降低用户电力运行成本，保障用户及时、方便地进行服务咨询和用能情况了解等。

580

项目年均发电580万千瓦时。

1800

每年可节约标准煤约1800吨。

4500

减排二氧化碳4500吨。

12

同时减少二氧化硫、氮氧化合物、烟尘等污染物排放，相当于植树12公顷。

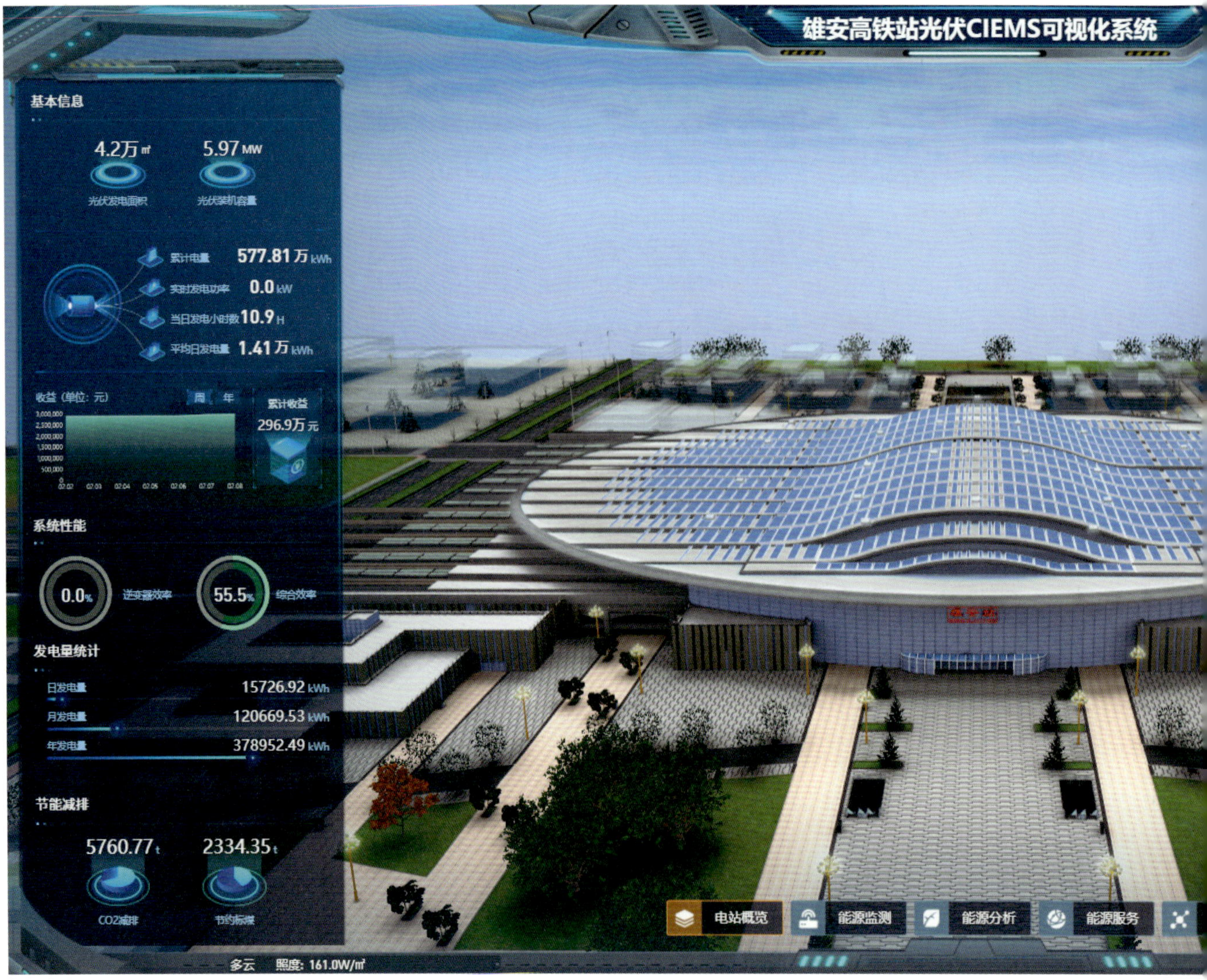

雄安高铁站光伏 CIEMS 可视化系统

项目管理

采用合同能源管理（EMC）模式，由国网雄安综合能源服务有限公司投资建设运营，通过收取发电费用获得收益，雄安站自用电费与雄安高速铁路有限公司结算，电价给予一定的优惠并根据消纳比例进行效益分享。运营期 25 年期满后，国网雄安综合能源服务有限公司将资产无偿移交给雄安高速铁路有限公司。

绿色引领

将项目清洁电力所减少的碳排放量具化为看得见、摸得着、可交易、国际认可的“国际绿证”，量化了清洁电力的“绿色价值”。2021 年 1—5 月期间产生的上网电量 67.5 万千瓦时共获得 675 张国际绿证，同年 7 月被澳大利亚 YNIWM 公司收购用于自身碳中和，得到相应协议外汇金额。该项目的实施打通了全链条碳资产管理商业模式，为绿证强调配额交易积累证书核发、交易组织、资金监管等工作经验，为未来可再生能源强制配额交易奠定了坚实基础。

项目可持续性价值

屋顶光伏发电项目广泛应用于大型屋面预留空间，利用闲置屋顶，节约自身电费，还能与建筑外部造型保持和谐统一。通过余电上网可增加企业收益，促进节能减排，提升企业的品牌形象。同时，合同能源管理模式既能够发挥项目管理公司资金、技术优势，为客户提供专业的能源一揽子服务，还能享受国家财政、税收优惠政策，具有良好的发展前景。

国网雄安新区供电公司联合国网雄安综合能源服务有限公司立足雄安站、布局京雄城际全线、覆盖雄安站枢纽片区，联合综合能源服务领域生态伙伴协同打造了一系列雄安站智慧绿色综合能源实践项目，为雄安新区打造近零碳城市综合体，助力雄安绿色低碳新城建设提供了引领性解决方案，为加快建设中国特色国际领先的能源互联网雄安新区示范区、实现“双碳”目标作出积极贡献。

项目亮点

该项目融合城市智慧能源管控系统、智慧能源等多重创新元素，实现了光伏资源利用最大化、生态发展最优化。通过输出绿色电力，能源就地消纳，“自发自用、余电上网”模式助力雄安高铁站清洁低碳运行。

项目获评中国节能协会节能服务产业委员会2020年度合同能源管理优秀项目。

项目完成雄安新区首笔碳资产全球交易和国际绿证业务、首笔“绿电”交易，并入选生态环境部 2021 年绿色低碳典型案例。

项目产生河北省首个获批签约的分布式光伏降碳产品并完成签约，实现生态价值有效转化。